■ 구역 출석부 ■

(1월~6월)

번호	이 름 \ 주 월 일	1	2	3	4	5	6	7	8	9	10	11	12
1													
2													
3													
4													
5													
6													
7													
8													
9													
10													
11													
12													
13													
14													
15													
16													
17													
18													
19													
20													
21													
22													
23													
24													
25													
통계란	출 석												
	결 석												
	헌 금												

(개인계)

13	14	15	16	17	18	19	20	21	22	23	24	25	26	출석	결석	헌금

★27주부터는 책 뒷부분에 있음

■ 구역원 명부 ■

(　　　　　구)

번호	이름	생년월일	직업	가족수	연락처
1					
2					
3					
4					
5					
6					
7					
8					
9					
10					
11					
12					
13					
14					
15					
16					
17					
18					
19					
20					
21					
22					
23					
24					
25					

구역예배·속회용
구역예배서

구역예배·속회용

구역예배서

2021년 10월 20일 초판 인쇄
2021년 11월 10일 초판 발행

지은이 | 박종순, 이진우, 김창근, 김병삼, 옥성석, 최종인
펴낸이 | 황성연
펴낸곳 | 한국문서선교회
주　소 | 경기도 파주시 광탄면 혜음로 883번길 39-32
주문처 | 하늘물류센타
전　화 | 031-947-8838
팩　스 | 0505-365-0012

ISBN 978-89-8356-289-0 (13230)

Copyright@2021, 한국문서선교회
저작권법에 의하여 한국 내에서 보호받는 저작물이므로 무단전재와
무단복제를 금합니다. 이 책의 내용의 일부 전부를 사용하려면
반드시 저작권자와 도서출판 한국문서선교회의 서면 동의를 받아야 합니다.

※ 정가는 뒤표지에 있습니다.
※ 잘못되거나 파손된 책은 구입하신 서점에서 교환하여 드립니다.

구역예배·속회용

구역예배서

박종순 · 이진우 · 김창근 · 김병삼 · 옥성석 · 최종인

39

한국문서선교회

일러두기

1. 성경은 개역개정판을, 찬송은 21세기 새찬송가를 사용했으며, ( ) 안에 통일찬송가를 표기해 두었다.
2. 암송 요절은 한번 복창해 보고 외워 볼 수 있는 시간을 주는 배려도 좋을 것이다.
3. 기도의 경우는 본문 주제에 맞춘 간단한 기도문으로, 구역원의 가정과 교회, 예배드리는 가정을 위해 기도한다.
4. 학습문제의 답은 그날 공부한 것을 복습하는 것이므로 주제에 어긋나지 않는 한 여러 답안이 제시될 수 있다.
5. 중보기도는 한 주간 동안의 기도 제목으로 정하여도 좋을 것이며, 개인의 특별한 기도 제목을 첨가해도 좋을 것이다.
6. 만남의 준비는 다음 구역예배를 은혜스럽게 하기 위한 준비 과제이므로 반드시 성경 말씀을 미리 알려주어 읽고 묵상하도록 한다.

머리말

　힘겹고 험한 세월을 두 해 씩이나 보냈습니다. 그러느라 신앙과 예배의 틀이 흔들렸고, 일상이 무너졌습니다. 한국교회는 일제 침탈기와 6.25 전쟁 이후 처음으로 교회 문을 닫았습니다. 그리고 다양한 도전들이 쉽게 끝날 것 같지 않다는 예견들 때문에 가슴이 아픕니다.

　이럴 때일수록 구역(속)이 살아나야 합니다. 비대면을 넘어서려면 작은 교회 운동, 구역 운동, 소그룹 운동, 가정예배가 회복되어야 합니다. 「교회 같은 가정, 가정 같은 교회」가 여기저기서 일어나야 합니다. 구역 예배서가 그런 운동의 길잡이가 되길 바라는 마음으로 펴냅니다.

　특히 오랜 목회경륜과 정도목회로 한국교회를 섬겨온 목사님들이 필진으로 동참하게 된 것은 큰 복이 아닐 수 없습니다. 이진우 목사님, 김병삼 목사님, 김창근 목사님, 옥성석 목사님, 최종인 목사님께 감사드립니다.

　해마나 때 맞춰 구역(속) 예배서를 펴내는 한국문서선교회 가족들에게도 고마움을 전합니다.

　그리고 이 책과 함께 할 모든 분들에게 하나님의 은혜가 함께 하시길 기도드립니다. 감사합니다.

집필자를 대표하여 박 종 순 목사

구역예배 인도지침

이 「구역예배서」를 사용하면서 예배를 인도하는 데 있어 다음 사항을 잘 참고하면 크게 도움이 될 것이다.

1. 구역예배의 준비

"교회 부흥은 구역의 부흥에서부터"란 말이 있다. 그러므로 구역의 책임을 맡은 구역장이나 권찰은 구역의 목회자라는 소명감으로 구역을 잘 관리하고 돌보아야 한다.

구역 운영에서 중요한 것이 구역예배인데, 예배를 인도하는 자는 다음의 몇 가지를 특히 유의해서 준비함으로써 예배가 은혜스럽도록 해야 한다.

(1) 장소 : 구역예배는 구역원의 가정을 돌아가면서 드리는 것이 상례이나 부득이 사양하는 가정이 있으면 강요하지는 말아야 한다. 장소의 결정은 적어도 1주일 전에 동의를 얻어 정하고, 예배 2~3일 전에 반드시 확인해야 한다.

(2) 시간 : 주님이 고난당하신 날인 성금요일에 대개 모이고 있다. 특히 금요일은 삼일 기도회와 주일의 중간이므로 적당하나, 모이는 가정의 사정에 따라 다른 날에 모여도 무방하다. 시간은 편리한 시간을 정해서 하되 식사 시간은 피하는 것이 좋으며, 특히 농촌이나 직장인을 중심으로 하는 구역에선 일과가 끝난 저녁 시간에 모이는 것도 좋다.

(3) 말씀 준비 : 구역예배에 있어서도 다른 예배와 마찬가지로 말씀 증거가 중심이 된다. 그러므로 인도자는 기도로 준비하고, 본문 말씀을 잘 파악해서 증거해야 한다.

그리고 공과(설교집)를 완전히 마스터해서 자기의 설교로 소화한 다음에 전해야 은혜가 된다. 이때 특별히 유의할 점은 구역원의 사정을 잘 살펴서 한 사람이라도 상처를 입거나 시험에 들 이야기는 삼가야 한다.

2. 예배의 진행 및 순서

(1) 여는 기도 : 개회시에 조용히 머리 숙여 마음을 가다듬을 때 사회자가 성경을 1-2절 봉독하는 것이 은혜스럽다. 대개 시편에서 찾아 읽는 것이 좋으나 그 가정의 특별한 상황이나 혹은 설교 내용과 부합되는 구절을 찾아 읽는 것도 좋다.

사도신경으로 신앙을 고백함으로써 예배를 시작하는 것도 좋다.

(2) 찬송 : 주제에 맞추어 2곡씩 실었다. 그러나 그 가정에서 원하는 찬송을 부르는 것도 좋다. 예배의 분위기에 따라 많이 부를 수도 있다.
※ 21세기 새찬송가 / (　) 안은 통일찬송가이다.

(3) 기도 : 구역원 중에서 간단 명료하게 하는 것이 좋다.

(4) 성경 봉독 : 성경 본문을 서로 윤독하는 것이 좋으나, 본문이 짧은 경우는 사회자와 교우가 교독하는 것도 좋다.

(5) 설교 : 본 설교집을 바탕삼아 충분히 준비해서 하되, 시간은 10분 정도가 적당하다고 본다.

(6) 학습문제 : 설교의 매 편마다 학습문제를 제시했다. 인도자는 질문을 해서 구역원들이 답을 하도록 유도하는 것이 좋다.

(7) 기도 : 설교자가 한다. 증거한 말씀이 삶에 적용되기를 위하여, 구역원들의 신앙과 가정을 위하여, 그 모인 가정을 위하여 할 것이다. 교회와 나라를 위하여 기도하는 것도 좋다. 특히 구역 내에 환자나 어려움을 당한 가정이 있을 경우 그를 위해 기도하는

것을 잊지 말아야 한다.
(8) 헌금 : 교회 방침에 따라 한다.
(9) 보고 : 출석 확인, 회계 보고 등을 한다. 애경사나 구역원의 협조를 요하는 일이 있으면 광고한다.
(10) 찬송 : 폐회 찬송은 설교에 맞추어 힘차고 기쁜 찬송을 택할 것이다.
(11) 폐회 : 주기도문으로 폐회한다. 목사님을 모셨을 경우는 축도로 폐회하는 것도 좋다.

3. 친교

구역예배는 구역원간의 교제를 통해서 결속을 돈독히 하는 데 목적이 있다. 그러므로 예배를 마치고 간단한 다과를 나누며 성도의 교제 시간을 갖는 것이 유익하다(대부분의 구역이 이를 시행하고 있다).

여기에서 주의할 것은 그 가정에 너무 큰 부담을 주어서는 안 된다는 것이다. 가정 형편이 어려운 집은 모이기를 기피하고 이로 인해 시험 당할 수도 있기 때문에 간단히 하도록 지도해야 할 것이다. 구역 형편에 따라 이를 폐지해도 무방하다.

또 하나는 대화의 내용이다. 모든 대화는 믿음 안에서 할 것이며, 신앙생활에 부덕한 화제는 피해야 한다. 남의 흉을 보거나 상처를 주는 말은 하지 말아야 한다.

목차

PART 01
박종순 목사 편

1월 / 하나님의 뜻을 묵상하는 달
1. 나는 왜 사는가?(시 139:13-18) • 14
2. 내버려 두심의 교훈(롬 1:21-32) • 18
3. 낫고 싶으냐?(요 5:1-18) • 22
4. 소명과 응답(행 9:1-7) • 26

2월 / 선한 청지기로서의 삶을 결단하는 달
5. 모세의 인생론(시 90:1-10) • 30
6. 작은 일, 큰 보상(마 25:14-30) • 34
7. 합력하여(롬 8:26-30) • 38
8. 사명과 결단(사 6:6-13) • 42

PART 02
이진우 목사 편

3월 / 그리스도의 고난과 십자가를 깨닫는 달
9. 승리의 입성(마 21:6-11) • 48
10. 배신, 아 배신(마 26:20-25) • 52
11. 겟세마네 동산에서(마 26:36-46) • 56
12. 수난 받는 주님(마 26:63-68) • 60

4월 / 예수 부활의 참 의미를 고찰하는 달
13. 부활하신 예수님(눅 24:1-12) • 64
14. 슬픔이 감격으로(눅 24:13-35) • 68
15. 재회(요 21:1-14) • 72
16. 내 양을 먹이라(요 21:15-23) • 76
17. 제자들에게 주신 그리스도의 부탁(행 1:6-11) • 80

PART 03
김창근 목사 편

5월 / 예수로 세워지는 가정의 달
18. 사랑과 축복으로 세워지는 자녀(막 10:13-16) • **86**
19. 말씀으로 세워지는 가정(잠 22:6-13) • **90**
20. 예수님 안에서 세워지는 가정(골 3:18-19) • **94**
21. 영원한 언약으로 세워지는 가정(렘 32:36-42) • **98**

6월 / 그리스도의 제자로 거듭나는 달
22. 그리스도를 본받는 제자(고전 4:14-21) • **102**
23. 진정한 제자의 조건(요 13:12-17) • **106**
24. 예수님을 향한 온전한 삶(엡 4:11-15) • **110**
25. 예수 그리스도의 증언(행 1:6-11) • **114**

PART 04
김병삼 목사 편

7월 / 교회가 참 교회가 되는 달
26. 본질을 향한 변화(막 10:35-45) • **120**
27. 예수가 해답인 교회(마 16:13-20) • **124**
28. 소명, 부르심의 이유(고전 9:16-23) • **128**
29. 하나 되어 흩어지는 교회(고전 12:12-26) • **132**
30. 건물을 벗어나는 교회(행 4:23-35) • **136**

8월 / 복음의 능력을 경험하는 공동체의 달
31. 복음의 정체성을 가진 공동체(행 2:37-47) • **140**
32. 삶으로 예배하는 공동체(롬 12:1-13) • **144**
33. 복음의 진정성을 가진 공동체(요 3:22-30) • **148**
34. 사랑과 헌신으로 부름 받은 공동체(벧전 2:1-10) • **152**

PART 05
옥성석 목사 편

9월 , 기도로 승리하는 그리스도인의 달
- 35. 그 방법밖에 없었을까?(삼상 1:1-6) • **158**
- 36. 기적은 기적처럼 오지 않는다(삼상 1:;20-28) • **162**
- 37. 한나의 '한나신경(信經)'(삼상 2:1-3) • **166**
- 38. 하늘병법을 아는가?(수 10:40-43) • **170**
- 39. 하나가 되게 하옵소서(요 17:11-16) • **174**

10월 , 삶이 전도가 되게 하는 달
- 40. 엘리에게도 배울 것, 있다(Ⅰ)(삼상 2:22-26) • **178**
- 41. 엘리에게도 배울 것, 있다(Ⅱ)(삼상 2:22-26) • **182**
- 42. 새 생명의 길, 예수(Ⅰ)(룻 1:1-5; 요 14:1-6) • **186**
- 43. 새 생명의 길, 예수(Ⅱ)(룻 1:19-22) • **190**

PART 06
최종인 목사 편

11월 , 인생을 감사로 물들이는 달
- 44. 감사하는 시인이 됩시다!(시 100:1-5) • **196**
- 45. 모든 것에 감사하라(살전 5:16-18) • **200**
- 46. 감사하는 한 사람(눅 17:11-19) • **204**
- 47. 감사하는 자가 되라(골 3:15-17) • **208**

12월 , 사람으로 오신 예수님의 달
- 48. 예수님이 오신 목적(눅 4:16-19) • **212**
- 49. 성육신의 진리(요 1:9-14) • **216**
- 50. 예수 그리스도의 나심(마 1:18-25) • **220**
- 51. 최고의 성탄절(마 2:9-12) • **224**
- 52. 믿음으로 달려가는 새해(히 12:1-2) • **228**

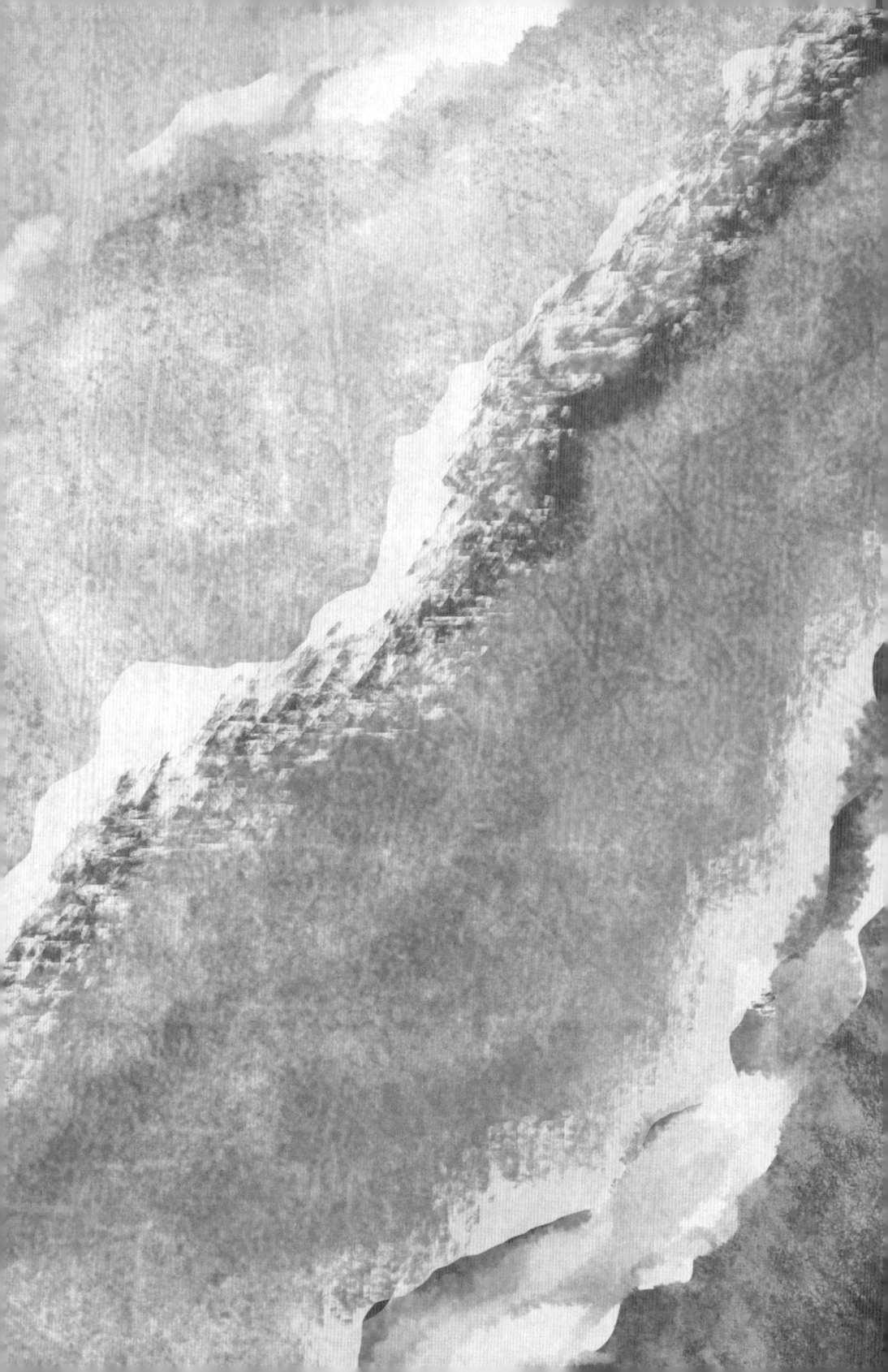

PART 01

박종순 목사 편

1월
하나님의 뜻을 묵상하는 달

1. 나는 왜 사는가?(시 139:13-18)
2. 내버려 두심의 교훈(롬 1:21-32)
3. 낫고 싶으냐?(요 5:1-18)
4. 소명과 응답(행 9:1-7)

2월
선한 청지기로서의 삶을 결단하는 달

5. 모세의 인생론(시 90:1-10)
6. 작은 일, 큰 보상(마 25:14-30)
7. 합력하여(롬 8:26-30)
8. 사명과 결단(사 6:6-13)

1. 나는 왜 사는가?

> 성경 : 시편 139:13-18(암송요절 14절)
> 찬송 : 436장(통493장), 425장(통217장)
> 주제 : 우리는 하나님 때문에 존재하기에, 하나님과 함께 살아야 합니다.

1. 나는 왜 사는가?

나는 왜 사는가? 그 대답은 내가 해야 합니다. 다른 사람이 내가 사는 이유를 말해 줄 수 없습니다.

시편 139편은 다윗의 시인데 그 내용을 살펴보면 ① 하나님은 다 아십니다(1-5). 알지 못하는 것이 하나도 없습니다. 내가 앉고 일어서는 것, 내 생각, 내가 걷고 있는 길, 모든 행위, 나의 앞(장래)도 뒤도(과거도) 다 아신다고 고백하고 있습니다. ② 하나님을 피할 수 없습니다(7, 9). 내가 주의 영을 떠나 어디로 가며 어디로 피하리이까. 하늘에 올라가도 스올에 내려가도 바다 끝(땅끝)에 가도 거기 계시니이다. ③ 나를 지으셨습니다(13-18). "내 내장을 지으시고 모태에서 나를 만드시고 기묘하게 만드시고 내 형질이 이루어지기전 나를 보셨으며"라고 했습니다.

내가 사는 이유가 밝혀졌습니다. 이 진리를 발견한 바울은 "나의 나

된 것은 하나님의 은혜라"라고 했습니다(고전 15:10). 다윗은 그 사실을 이렇게 고백합니다. "나를 아시나이다(1) 앉고 일어섬을 아시고 멀리서도 내 생각을 밝히 아시고(2), 나의 모든 길과 모든 행위를 아시며(3), 내 혀의 말도 다 아시고(4), 내 앞뒤를 둘러싸시고(5), 하늘에 올라가도 거기 계시고(8), 새벽 날개 쳐 바다 끝으로 가도 거기 계시고(9), 내가 주의 영을 떠나 갈 곳이 없사오며 주의 앞에서 피할 곳이 없나이다(7)" 지으신 이도 하나님이시고 지키시는 분도 하나님이시라는 것입니다. 나는 내가 아닙니다. 내 것은 없습니다. 내가 이룬 것도 없습니다. 하나님 때문에 살고 하나님 때문에 존재합니다. 그래서 하나님과 함께 살아야 합니다.

2. 어떻게 살아야 하는가?

나를 향하신 하나님의 뜻과 기대에 맞게 살아야 합니다. 시인은 고백 합니다. "하나님이여 주의 생각이 내게 어찌 그리 보배로우신지요. 그 수가 어찌 그리 많은지요(17절)"라고. 예수를 믿는다는 게 뭡니까? 내 뜻대로 내 멋대로 내 맘대로 살지 않고 주님 뜻대로 사는 것을 말합니다.

인간은 사회적 존재이기 때문에 다른 사람의 시선과 관심을 무시할 수가 없습니다. 다른 사람이 내 얼굴, 내 머리 모양, 옷 색깔, 걸음걸이, 말투, 꾸미고 사는 집을 어떻게 보는가를 따지고 생각합니다. 그러나 다른 사람의 관심이나 시선에 맞춰 내가 살면 안 됩니다. 그건 내 삶이 아니라 그 사람의 삶이기 때문입니다. 누가 뭐래도 나는 하나님이 기뻐하시고 원하시는 그 뜻을 알고 그대로 살기 위해 노력하고 힘쓰고 최선을 다해야 합니다.

3. 내 삶의 모델은 누구인가?

누구를 닮아야 하고 누구처럼 살아야 합니까?

바울은 고린도전서 11:1에서 "내가 그리스도를 본받는 자가 된 것 같이 너희는 나를 본받는 자가 되라"고 했습니다.

예수님은 어떻게 사셨습니까? 자신을 낮추셨습니다. 나누고 섬기고 베풀었습니다. 십자가에서 죽으셨습니다. 그 예수님을 닮으라는 것입니다. 그러나 그건 어렵습니다. 그래도 흉내라도 내고 따라가기 위해 몸부림쳐야 합니다.

포기하면 안 됩니다. 흉내라도 내야하고 나를 담금질하고 몸부림쳐야 합니다.

「날 구원하신 주 감사」라는 복음 성가는 1800년대 스위스 사람 어거스트 루드빅 스톰이 가사를 썼습니다. 그는 척추장애로 고생하면서도 원망하지 않고 하나님께 감사하며 살았습니다.

내가 사는 이유를 주신 주님께! 나를 구원하신 주님께!
내가 해야 될 일을 주신 주님께! 믿고 살게 하신 주님께!

▶ **학습문제**

(1) 우리는 어떻게 한해를 살아야 합니까?(14)
　답: 나를 향하신 하나님의 뜻과 기대를 알고 순종해야 합니다.
(2) 우리의 삶의 모델을 따라 산다는 것은 무엇을 말합니까?(고전 11:1)
　답: 예수님을 닮기 위해 흉내라도 내면서 자신을 담금질하고 몸부림쳐야 합니다.

기도

　하나님 아버지, 나를 향하신 하나님의 뜻을 알고 순종하는 믿음과 용기를 주셔서 하나님 때문에, 하나님과 함께 사는 한해가 되게 하옵소서. 예수님 이름으로 기도드립니다. 아멘.

중보기도

　(1) 한 해 동안 하나님의 뜻에 순종하는 교회와 성도가 되게 하소서.
　(2) 청년세대가 인생을 사는 이유를 발견하게 하소서.

▶ 만남의 준비

　로마서 1:21-32를 읽고 우리를 향해 인내하시는 하나님을 묵상해봅시다.

2. 내버려 두심의 교훈

성경 : 로마서 1:21-32(암송요절 28절)
찬송 : 260장(통194장), 463장(통518장)
주제 : 하나님은 우리를 내버려 두기도 하지만, 결코 버리지 않습니다.

1. 하나님은 결코 우리를 버리지 않으십니다.

성경은 여러 곳에서 하나님은 결코 우리를 버리지 않으신다고 말씀하고 있습니다(수 1:5, 대상 28:20, 사 49:15-16, 히 13:5). 버리거나 떠나지 않겠다는 약속의 말씀들입니다. 그런데 왜 로마서 1장은 세 번씩이나 내버려 둔다고 했을까요? 도대체 왜? 누구를? 어떻게 내버려 둔다는 것일까요?

누구를 내버려 두십니까? 본문이 설명합니다. 로마서 1:21을 보면 "하나님이 누구신가 어떤 분인가를 알긴 하지만 영화롭게 안하는 사람, 감사할 줄 모르는 사람, 생각이 허망한 사람" 22절 "스스로 지혜 있다고 건방 떨고 교만한 사람", 23절 "하나님 대신 우상을 만들고 섬기는 사람", 25절 "물질을 신으로 숭배하는 배금주의자들", 27절 "음란과 정욕의 노예가 된 사람, 남자가 남자와 부끄러운 짓을 하는 사람(동성애)", 그리고 29~30절 "모든 불의, 추악, 탐욕, 악의 시기, 살인, 분쟁, 사기, 악독, 수군수군, 비방, 능욕, 교만, 부모 거역, 약속을 어기는 것, 무정, 무자비"한 마음을 품고 행동하는 사람들을 내버려 두신다는 것입니다.

2. 내버려 두심의 교훈을 배워야 합니다.

개혁자 존 칼뱅은 "하나님의 선택에는 구원과 내버려 두심이라는 양면이 있다"고 했습니다. 구원하실 수도 있고 버리실 수도 있다는 것입니다. 그것은 창조주이시기 때문입니다. 믿으면 구원받고 하나님의 뜻을 거스르고 제멋대로 살면 버림받습니다.

다윗 왕은 어느 날 최전방을 지키고 있는 우리야 장군의 아내 밧세바를 왕궁으로 끌어들여 죄를 범했습니다. 그리고 이 사건을 은폐하기 위해 우리야 장군을 최전방에 출전하도록 명령하고 전사하게 만듭니다. 권력형 성범죄였고 있을 수 없는, 해서는 안 될 죄를 범했습니다.

하나님은 그에게 나단 선지자를 보냈습니다(삼하 12:9~11). 이때 다윗이 "뭐가 어때? 남들 다 하는데", "이 나라와 백성은 다 내 것인데", "그게 뭐가 큰 죄가 돼?"라며 항변하고 정당화하려 들었다면 그는 버림받았을 것입니다. 그러나 그는 "내가 여호와께 죄를 범하였노라"며 회개했습니다(삼하 12:13).

시편 6편은 다윗의 참회 시 중 하나입니다. "내가 탄식함으로 피곤하여 밤마다 눈물로 내 침상을 띄우며 내 요를 적시나이다"(6) 그는 잘못을 인정했습니다. 시인했습니다. 그리고 울었습니다. 눈물을 드렸습니다. "주여 나의 눈물을 주의 병에 담으소서"(시 56:8)라고 했습니다. 하나님은 그 다윗을 버리지 않으셨습니다. 최고의 통치자가 되게 하셨고 예수 그리스도의 조상이 되게 하셨습니다.

주님은 우리를 살리고 버리지 않기 위해 자신이 버림받으셨습니다. 마태복음 27:46절을 보면 십자가에 달리신 주님이 "엘리 엘리 라마 사박다니", '나의 하나님 나의 하나님 어찌하여 나를 버리셨나이까'라고 외치셨습니다.

이사야 선지자는 "그가 찔린 것은 우리의 허물 때문이요 그가 상함은 우리의 죄악 때문이라 그가 징계를 받음으로 우리가 평화를 누리고 그가 채찍에 맞음으로 우리는 나음을 입었다"고 했습니다(사 53:5). 잘못해서 버림받은 것이 아닙니다. 그가 버림받은 것은 나를 버리지 않기 위해서라는 것을 주목해야 합니다.

십자가가 무엇입니까? 나 대신 버림받고 나 대신 멸시받고 나 대신 죽으신 사건입니다. 친구는 나를 버릴 수 있고 형제는 나를 버릴 수 있고 가족은 나를 버릴 수 있습니다. 그러나 주님은 나를 버리지 않습니다. 믿고 고백합시다. 버리지 않습니다. 내버려 두지 않습니다. 함께 하십니다. 아멘

▶ **학습문제**

(1) 하나님의 뜻을 거스르고 제멋대로 인 우리가 취해야 할 선택은 무엇입니까?(삼하 12:13)
   답: 회개하고 하나님께로 돌아가야 합니다.

(2) 우리를 버리지 않으시려는 하나님의 선택은 무엇이었습니까?(사 53:5)
   답: 나 대신 버림받고 멸시 받고 죽으신 독생자 예수 그리스도를 이 땅에 보내셨습니다.

기도

구원의 하나님, 제멋대로 살았던 지난 날을 회개합니다. 하나님의 뜻을 행하는 진실한 하나님의 자녀가 되게 하옵소서. 예수님 이름으로 기도드립니다. 아멘.

중보기도

(1) 모든 불의와 탐욕과 교만으로 얼룩진 이 세상을 불쌍히 여겨 주옵소서.
(2) 한국교회가 하나님의 뜻에 순종하여 이웃과 세상을 구원하는 방주가 되게 하소서.

▶ 만남의 준비

요한복음 5:1-18을 읽고 나의 작은 도움의 손길이 필요한 사람들을 생각하며 묵상해봅시다.

3. 낫고 싶으냐?

성경 : 요한복음 5:1-18(암송요절 6절)
찬송 : 471장(통528장), 449장(통377장)
주제 : 고쳐야 될 것도 많고 풀어야 할 것도 많은 우리들에게는 순종이 필요합니다.

1. 주님은 이미 그 사람의 병을 알고 계셨습니다.

예수님은 38년 된 병자의 병이 오래된 것과 불치의 병이라는 것을 다 아셨습니다(6절). 중요한 것은 관찰이나 진단으로 아신 것이 아니고 초자연적인 능력으로 아셨다는 것입니다. 다 아시는 하나님! 성공도, 실패도, 건강도, 아픔도, 과거도, 현재도, 오늘도, 내일도 겉과 속도 다 아시는 하나님이십니다. 그 하나님을 대할 때 피할 수도 없고, 숨길 수도 없다면 좋을 수도 있고, 나쁠 수도 있습니다. 바로 살면 좋고, 나쁜 짓하면 두렵고 떨릴 것입니다.

다 아시기 때문에 "좋습니다, 든든합니다, 걱정 안합니다, 감사합니다"라고 해야 합니다.

2. '낫고 싶으냐'라고 물으셨습니다.

예수님이 네 병을 고치고 네 눈을 뜨게 할 수 있다고 믿느냐를 물으신 것입니다. 만일 그때 38년된 병자가 "그걸 몰라서 그럽니까? 낫고 싶지 않으면 뭐 하러 여기 있겠습니까? 비법 있걸랑 고쳐주십시오"라고 했다면 그 사람은 고침 받지 못했을 것입니다. 낫고 싶으냐? 라는 질문 속에는 "내가 너를 낫게 해주겠다." "네 문제를 풀어주겠다." "나를 믿으라."는 약속이 들어있습니다.

"낫고 싶으냐? 도와줄까? 해결해줄까? 고쳐줄까? 길을 터줄까? 나한테는 그렇게 해줄 능력이 있다"라고 하신다면 우리 대답은? "알아서 하세요, 편하실 대로 하세요, 처분 기다릴께요."라면 안 됩니다. "믿습니다, 낫고 싶습니다, 원합니다."라야 합니다(막 9:21-27).

3. 넣어줄 사람이 없다고 했습니다.

동문서답입니다. 낫고 싶으냐 라고 물으셨는데 물이 동할 때 넣어줄 사람이 없다고 했습니다. 거기 모인 병자마다 물이 동할 때를 기다리는 사람들인데 누가 누구를 넣어주겠습니까? 무한경쟁, 생존경쟁, 적자생존 등 우리사회가 살벌해져가고 있습니다. 우리시대도 넣어줄 사람이 없습니다. 개인주의와 집단이기주의가 독버섯처럼 뻗어나고 있습니다.

철학자 키에르 케고르는 고독은 죽음에 이르는 병이라고 했습니다. 죽음에 이르게 하는 병은 고독, 절망, 좌절이라는 것입니다. "아무도 없다. 나만 홀로 남았다." 이런 정신적 상태를 고독이라고 합니다. 집도 있고, 돈도 있고, 가족도 있고, 직장도 있지만 고독하고 외롭고 쓸쓸한 사람이 있습니다. 사람은 떠날 수 있습니다. 그러나 하나님은 나를 잊거나, 버리거나, 떠나거나, 외면하지 않습니다. 이 사실을 믿는 사람은 평안할 것이고 믿지 못하면 불안할 것입니다(창 28:15, 신 31:8, 수 1:5, 사 49:15-16, 마 28:20).

4. 네 자리를 들고 걸어가라고 했습니다.

우리는 여기서 걱정하고, 염려하고, 주님의 뜻을 헤아리지 못하는 사람이라도 버리지 않으시고 고쳐주시는 은혜와 사랑과 능력을 발견하게 됩니다. 엉뚱한 짓을 해도, 동문서답을 해도 탓하지 않고 "네 자리를 들고 걸어가라"고 하시는 주님의 치유에 감사해야 합니다.

본문 9절을 주목하십시다. "그 사람이 곧 나아서 자리를 들고 걸어가니라" 사람이 할 수 있는 일이 아닙니다. 누가 연못 속에 넣어줘서 일어날 수 있는 일이 아닙니다. 하나님의 능력입니다.

하나님은 지금도 살아계시고 나를 살리시고 지키십니다. 여기저기 기웃거리고, 두리번거리고, 한숨 쉬고, 낙심하고, 절망하지 맙시다. 주님을 찾고, 바라보고, 믿고 맡깁시다. 우리의 상황은 고쳐야 될 것도 많고 풀어야 할 것도 많고 길도 막히고 산 넘어 산입니다. 그러나 "네 자리를 들고 일어나 걸어가라"는 명령에 아멘하면 됩니다.

▶ **학습문제**

(1) 주님께서 "낫고 싶으냐?"고 물으신다면 어떻게 대답해야 할까요?(요5:6)

    답: "믿습니다. 낫고 싶습니다. 원합니다."라고 해야 합니다.

(2) 고독하고 외롭고 쓸쓸함이 찾아올 때 기억해야 하는 것은 무엇입니까? (마 28:20)

답: 세상 끝 날까지 항상 함께 하시겠다는 주님의 약속을 기억해야 합니다.

❋ 기도

하나님 아버지, 지금도 살아계셔서 나를 살리시고 지키시니 감사합니다. 하나님의 능력을 의지하여 주님을 찾고 주님을 바라보고 살게 하소서. 예수님 이름으로 기도드립니다. 아멘.

❋ 중보기도

(1) 불안과 좌절과 절망 속에 살아가는 사람들에게 자비의 손길을 베풀어 주소서.
(2) 가난과 질병으로 고통 받는 사람들에게 희망을 보여 주옵소서.

▶ 만남의 준비

사도행전 9:1-7을 읽고 하나님의 목적 있는 부르심에 대해 묵상해봅시다.

4. 소명과 응답

> 성경 : 사도행전 9:1-7(암송요절 5절)
> 찬송 : 320장(통350장), 508장(통270장)
> 주제 : 크신 뜻 따라 부르시고 사명을 주신 하나님의 뜻을 헤아려 봅시다.

1. 부르심이 있습니다.

　소명이란 하나님의 목적 있는 부르심입니다. 하나님의 일을 위해 사람을 부르시는 것을 소명이라고 합니다. 부르시는 이유가 있습니다.
　첫째, 하나님과의 인격적 관계를 위해 부르십니다. 부름 받은 사람들 이사야, 예레미야, 호세아, 베드로, 바울의 경우 하나님과 인격적인 관계를 맺고 살았고 일했습니다.
　둘째, 특정한 사명을 위해 부르십니다. 세상일이나 사사로운 일을 하라고 부르신 게 아닙니다. 하나님이 주시고 기뻐하시고 원하시는 일을 하라고 부르십니다. 그러니까 부름 받은 사람들은 제멋대로 살면 안 됩니다. 그리고 할 일을 자기가 결정하면 안 됩니다. 소명의 주체가 하나님이시라는 것을 놓치면 안 됩니다.
　사도행전 9장에 나오는 바울의 경우를 살펴보겠습니다. 바울의 소명은 전혀 예기치 않은 사건이었습니다. 본래 그는 율법의 부름을 받은 사람이었습니다. 그런데 하나님의 일방적, 선택적, 의도적 부르심을 받았습니다. 그것은 그때 거기서 그를 부르셔야 할 특수상황 때문이었습니다. 교회 박해자의 길을 막아야 했고 율법 종교와 맞서 싸울 복음의 전사가 필요했습니다. 그래서 그때 거기서 그를 부르셨습니다.

사울의 소명 장면은 드라마틱합니다.

"사울아 사울아 왜 나를 핍박하느냐?"

"누구십니까"

"나는 네가 핍박하는 예수다"

사울의 예수 만남과 대화입니다. 만일 그때 거기서 사울이 "왜 불러요"라고 저항했다면 초대교회는 좀 더 긴 시간 박해를 겪어야 했을 것입니다. 그리고 그날 다메섹 도상의 소명이 훗날 바울의 유명한 교회론의 뿌리가 됐습니다.

소명 이후 그의 삶은 극적으로 바뀝니다. 사울(큰 자)이 바울(작은 자)로 바뀝니다. 우린 예수 믿고 너나없이 이름이 바뀌고 신분이 바뀌었습니다. 자아중심에서 예수 중심으로, 율법 중심에서 복음 중심으로 축이 바뀝니다. 사역도 바뀝니다. 율법 교사에서 전도자로, 박해자의 삶에서 사도의 삶으로 대반전이 일어납니다. 그의 비전, 세계관도 바뀝니다. 예루살렘 중심에서 일루리곤, 로마, 그리고 서바나로 비전이 바뀝니다.

책임지는 국민, 지도자, 교인이 되어야 합니다. 특히 지도자는 자신이 했던 말을 책임져야 합니다. 자기가 한 말 그것도 공적 언어를 쉽게 뒤집는 사람, 언제 그랬느냐 라는 사람, 약속을 없던 일로 하는 사람은 지도자가 아닙니다.

2. 우리는 어떻게 해야 합니까?

첫째, 부르심을 감사해야 합니다. 왜 부르셨습니까? 왜 거기로 보내셨습니까? 라고 묻거나 대들지 말아야 합니다. 부르심을 감사하는 사람이라야 하나님의 일꾼이 될 수 있습니다. 조건이 안 맞는다, 열악하다. 내가 원하는 일이 아니다 라고 생각하면 하나님의 일을 하는게 어렵습니다. 바울은 "하나님께 감사하리로다"라고 했습니다(롬 6:17). 바울은 감사할 조건이 별로 없는 사람이었습니다. 그러나 그의 삶은 감사로 점철된 삶이었습니다.

둘째, 부르신 뜻을 헤아려야 합니다. 왜 부르셨는가, 왜 거기에 보내셨는가를 헤아려야 바른 일꾼이 될 수 있습니다. 하나님의 부르심은 막연한 사건이 아닙니다. 무의미한 선택도 아닙니다. 크신 뜻을 따라 부르셨고 사명을 주셨습니다. 그 뜻을 헤아려야 합니다.

셋째, 주님과 동역해야 합니다. "내가 세상 끝 날까지 너희와 항상 함께 있으리라"(마 28:20) 이 약속을 믿어야 합니다. 나와 함께 하시는 하나님. 나와 동행하시는 하나님. 나와 동역하시는 하나님이십니다. 부르시고, 보내시는 하나님이 모른 척 하시겠습니까? 아닙니다. 동역하시고 동행하십니다. 믿고 부르심에 응답해야 합니다.

▶ 학습문제

(1) 소명이 가져오는 변화는 어떤 것입니까? (롬 6:17-18)
 답: 예수 중심, 복음 중심으로 비전과 사명이 변화되고 감사하는 삶을 살게 됩니다.

(2) 책임지는 국민, 지도자, 교인이 되기 위해 어떤 실천이 필요합니까?
 (딤후 4:7-8)
 답: 완주까지 선한 싸움을 싸우고 믿음을 지켜야 합니다.

기도

 하나님 아버지, 부르신 뜻을 헤아려 완주하는 그날 까지 하나님의 약속을 믿고 최선을 다하는 신앙인이 되게 하소서. 예수님 이름으로 기도드립니다. 아멘.

중보기도

(1) 다음세대가 하나님의 소명을 발견하여 하나님의 뜻을 이루게 하소서.
(2) 선교사의 소명을 받고 파송된 선교사님들의 삶과 사역에 항상 동행하여 주소서.

▶ 만남의 준비

시편 90:1-10을 읽고 모세의 일생을 묵상해봅시다.

5. 모세의 인생론

> 성경 : 시편 90:1-10(암송요절 10절)
> 찬송 : 68장(통32장), 401장(통457장)
> 주제 : 하나님은 살아계셔서 우리를 불쌍히 여기시고, 기쁨과 은총을 주십니다.

　모세는 어려서부터 철저한 교육을 받았고 의협심이 강하고 민족의식이 강한 사람이었습니다. 모세는 430년간 노예로 살던 이스라엘 민족을 애굽에서 해방시킨 출애굽 영웅이었습니다. 그는 120세까지 살면서 인생이 겪어야 하는 온갖 시련과 어려움을 다 겪었습니다. 절대 권력을 가진 애굽의 바로와 맞서 싸워야 했고, 배신도 당했고, 죽을 고비도 겪었고, 전쟁도 해야 했습니다. 그리고 그때마다 도와주시고 문제를 풀어주시고 전쟁을 이기게 해주시는 하나님을 만났습니다.
　모세는 시편 90편에서 인생이란 어떤 존재인가? 하나님은 어떤 분이신가?를 다루고 있습니다.

1. 인생이란 어떤 존재인가?

① 티끌로 돌아가는 존재라고 합니다. 3절을 보면 "주께서 사람을 티끌로 돌아가게 하시고 말씀하시기를 너희 인생들은 돌아가라 하셨사오니"라고 했습니다(창 2:7, 창 3:19). 여기서 말하는 흙이란 쓸모없는 티끌 먼지라는 뜻입니다. 인생이란 티끌, 먼지로 만든 존재여서 결국은 티끌로 돌아간다는 것입니다.

② 밤의 한순간과 같다고 합니다. 4절을 보면 "천년이 지나간 어제 같으며 밤의 한순간 같을 뿐이니이다" 라고 했습니다. 100년, 200년을 산다 해도 그것은 한 순간에 불과하다는 것입니다. 그래서 잠깐 자는 것 같다고 했고(5), 아침에 피고 저녁에 시드는 꽃과 같고(6), 순식간에 지나간다(9)고 했습니다. 세월도 인생도 빠르게 다가오고 빠르게 지나간다는 것입니다.

③ 수고와 슬픔이라고 합니다. 10절을 보면 "우리의 연수가 칠십이요 강건하면 팔십이라도 그 연수의 자랑은 수고와 슬픔뿐이요 신속히 가니 우리가 날아 가나이다"라고 했습니다. 여기서 말하는 수고는 힘들고, 지치고, 피곤하고, 짜증나게 하는 것들을 의미합니다(시 103:14, 욥 1:21, 약 4:14, 벧전 1:24).

인생이 무엇입니까? 성경은 먼지, 티끌, 알몸뚱이, 안개, 들꽃이라고 합니다. 철학자 파스칼은 "인간은 생각하는 갈대"라고 했고, 시인 바이런은 "시계추처럼 왔다갔다하는 존재"라고 했고, 문학가 빅토르 위고는 "먼 바다를 항해하는 존재"라고 했습니다. 하나같이 사람을 위대하거나 강한 존재로 보지 않았습니다.

2. 하나님은 어떤 분이신가?

모세는 자신이 제기한 인생문제 해법을 어디서 찾았습니까? 하나님에게서 찾았습니다.

모세가 만난 하나님은 "살아계신 하나님"이십니다. 진노하신다(11), 불쌍히 여기신다(13), 즐겁고 기쁘게 하신다(14), 은총을 내려 주신다(17)고 했습니다. 화내시고, 아시고, 느끼시고, 아파하시고, 기뻐하시고, 슬퍼하시고, 심판하시고, 상을 주시는 살아계신 하나님. 인격적 하나님이시라는 것입니다.

사람이 만든 신과 스스로 계시는 하나님은 같은 신이 아닙니다. 다윗왕도 하나님을 만났고 함께 하시는 역사를 체험했습니다. 40년 왕으로 통치하는 동안 블레셋과의 전쟁도 치러야 했고 아들 압살롬의 배신도 겪어야 했고 정적들의 반대와 맞서야 했습니다. 그러나 그때마다 하나님은 다윗을 도와주셨고 문제를 풀어주셨고 길을 터주셨습니다. 그래서 그는 "여호와는 살아계신다(시 18:46)", "여호와는 나의 목자시다(시 23:1)", "여호와는 내 생명의 능력이시다(시 27:1)", "여호와는 나의 힘 반석, 요새, 방패, 구원" 이라고 했습니다(시 18:1-2).

내가 믿는 하나님은 어떤 하나님입니까?

나는 하나님을 어떻게 고백하고 있습니까?

하나님은 누굽니까? 어떤 분입니까?

하나님과 나는 어떤 관계입니까?

▶ **학습문제**

(1) 모세가 말하고 있는 인생이란 어떤 존재입니까? (3, 4, 10)
   답: 티끌로 돌아가는 존재, 밤의 한 순간 같은 존재, 수고와 슬픔뿐인 존재입니다.
(2) 모세가 만난 하나님은 어떤 분입니까? (11-17)
   답: 우리를 불쌍히 여기시고, 기쁨과 은총을 주시는 살아계신 하나님입니다.

✢ **기도**

은총의 하나님, 주님만이 나의 힘, 반석, 요새, 방패, 구원이심을 의지합니다. 나를 도와 주소서. 예수님 이름으로 기도드립니다. 아멘.

✢ **중보기도**

(1) 하나님과 상관없이 살아가는 이 세대가 하나님을 만나게 되기를 원합니다.
(2) 모든 가정과 일터, 교회와 사회가 청지기의 사명을 감당하게 하소서.

▶ **만남의 준비**

마태복음 25:14-30을 읽고 청지기의 사명에 대해서 묵상해봅시다.

6. 작은 일, 큰 보상

> 성경 : 마태복음 25:14-30(암송요절 21절)
> 찬송 : 323장(통355장), 333장(통381장)
> 주제 : 하나님은 위대하신 신이시다. 그러나 크고, 위대한 믿음을 요구하는 것은 아닙니다.

　주인이 타국에 가면서 종 세 사람에게 각각 달란트를 나눠 줬습니다. 왜 맡겼습니까? 종들의 지혜와 관리 능력을 시험하기 위해서였습니다. 그리고 성실한 삶의 태도를 점검하기 위해서였습니다. 그리고 행한 대로 보상하기 위해서였습니다. 결산에 임하는 세 종의 자세와 결산을 집행하는 주인의 자세를 주목해야 합니다.

1. 달란트를 맡았던 종들의 자세

　(1) 다섯 달란트, 두 달란트 맡은 종의 자세
　"바로 가서 그것으로 장사하였다"고 했습니다(16, 17-). 즉시, 재빨리 시작하고 행동했습니다. 머뭇거리거나 머리를 굴리거나 앞뒤를 재거나 하지 않았습니다. 바로 가서! 그렇습니다. 결단이 중요합니다. 이다음에 천천히 여건 되면? 아닙니다. 그러면 안됩니다. 시간도,

기회도, 지나갑니다. 지나가기 전에 서둘러 일해야 합니다.
　누가복음 10:37을 보면 "가서 너도 이와 같이 하라"고 했습니다.
　(2) 한 달란트 맡은 종의 자세
　땅에 묻어 두었다가 그대로 가져 왔습니다. 원금만 관리한 것입니다.

2. 달란트를 맡긴 주인의 자세

　21절과 23절은 배를 남긴 종들에게 전한 주인의 말입니다. "잘하였다 착하고 충성된 종아 네가 적은 일에 충성하였으매 내가 많은 것을 네게 맡기리니 네 주인의 즐거움에 참여할지어다" 주인의 칭찬도 중요하지만 "많은 것을 맡기겠다"와 "주인의 즐거움에 참여하라"를 주목해야 합니다. "더 맡기겠다. 많은 것을 맡기겠다"는 것은 주인과 종 사이에 든든한 신뢰가 성립됐다는 것입니다. "너를 믿는다, 너를 신뢰한다, 수천억을 맡겨도 안심이다." 그런 뜻입니다. 더 중요한 것은 "주인의 즐거움에 참여하라"입니다.
　한 달란트 맡은 종의 경우를 살펴보겠습니다. 26절입니다. "악하고 게으른 종이라"고 책망했고, 28절을 보면 "그 한 달란트를 빼앗아 열 달란트 가진 자에게 주어라"고 했고, 30절을 보면 "이 무익한 종을 바깥 어두운 데로 내 쫓으라 거기서 슬피 울며 이를 갈리라"고 했습니다. 한 달란트를 빼앗겼습니다. 악하고 게으른 종이라고 책망 받았습니다. 그리고 바깥 어두운 데로 쫓겨났습니다. 이 대목을 주목해야 합니다. 무익하다는 것은 쓸모가 없다는 뜻입니다. 바깥 어두운 데는 주인과 단절된 세계라는 뜻입니다. 주인과 단절된 곳, 바깥 어두운 데가 어딥니까? 지옥입니다. 슬피 이를 가는 곳, 바로 지옥입니다. 무서운 징벌이 계속 되는 곳, 이를 갈아도 해법이 없는 곳, 바로 지옥입니다.

하나님은 위대하신 신이십니다. 그러나 우리에게 위대한 일 큰일을 하라고 요구하지 않습니다. 우린 믿음으로 주님을 믿고 그 이름을 부르면 됩니다. 주님은 우리에게 큰 믿음, 위대한 믿음을 요구하지 않습니다.

나의 작은 몸짓이 큰 감동을 일으킵니다. 내 입술의 작은 고백이 큰 울림으로 번집니다. 나의 적은 물질이 주님을 기쁘시게 하고 작은 정성이 주님을 기쁘시게 해드립니다. 그리고 이웃과 형제를 기쁘게 합니다. 반대로 작은 잘못, 작은 말 한마디, 작은 실수, 작은 행동이 주님의 마음을 아프게 하고 다른 사람에게 상처를 줍니다. 격려하는 말 한마디, 위로하는 말 한마디, 베푸는 작은 사랑, 작은 나눔과 배려! 그렇습니다. 작은 것이 큰 울림이 되고 큰 파장을 일으킵니다.

▶ 학습문제

(1) 달란트를 맡긴 주인이 종을 칭찬한 이유는 무엇입니까? (21)
   답: 작은 일에도 최선을 다하고 충성을 다했기 때문입니다.
(2) 하나님이 우리에게 요구하시는 청지기의 삶은 무엇입니까?
   답: 작은 몸짓과 작은 정성으로 이웃과 형제를 기쁘게 하기를 원하십니다.

✿ 기도

크신 하나님, 작은 일에 충성하므로 가정과 일터와 사회에서 사랑과 나눔과 격려를 실천하는 청지기로 살게 하소서. 예수님 이름으로 기도드립니다. 아멘.

🌱 중보기도

(1) 가정과 일터에서 작은 사랑과 나눔을 실천하는 청지기들이 많아지게 하소서.

(2) 기독교 단체와 기관들이 주님의 마음으로 큰 울림과 감동을 전하게 하소서.

▶ 만남의 준비

로마서 8:26-30을 읽고 하나님을 믿는 사람의 가정, 일터, 동네는 어떠해야 하는지 묵상해 봅시다.

7. 합력하여

성경 : 로마서 8:26-30(암송요절 28절)
찬송 : 452장(통505장), 447장(통448장)
주제 : 하나님이 만드시는 명작, 걸작, 명품이 되려면 믿고 맡기고 감사해야 합니다.

바울은 로마서 8:28에서 "우리가 알거니와 하나님을 사랑하는 자 곧 그의 뜻대로 부르심을 입은 자들에게는 모든 것이 합력하여 선을 이루느니라"라고 했습니다. "합력하여" 그 뜻은 함께(together), 일한다(work)는 것입니다. 선과 악, 순경과 역경, 성공과 실패, 사랑과 증오, 건강과 질병, 행복과 불행, 완전한 것과 불완전한 것, 좋은 것과 나쁜 것, 웃음과 눈물 이 모든 것들이 합력해서 선을 이룬다는 것입니다. 어거스틴은 "죄도 구원에 유익하다"고 했습니다.

오케스트라가 연주를 시작하기 전, 음을 고르는 것을 튜닝이라고 합니다. 오케스트라는 현악기, 목관악기, 금관악기, 타악기로 구성됩니다. 지휘자가 나서기 전 악장이 튜닝을 진행합니다. 오보에 주자가 기준음 A를 불면 그 소리에 맞춰 각자 악기의 음을 맞춥니다. 연주가 시작되면 지휘자를 따라 각기 자기 소리를 냅니다. 각각 다른 소리들이 합해서 위대한 음악을 만들어 냅니다. 인생도 오케스트라와 같습니다. 이 소리 저 소리, 이 일 저 일, 큰 일 작은 일, 좋은 일 나쁜 일이 한데 얽혀 삶을 만들어 냅니다.

1. 하나님과 합력해야 합니다.

  하나님을 사랑하는 자는 하나님과 함께 하고 따르고 순종하는 사람을 의미합니다. 하나님과 합력하라를 오해하면 안 됩니다. 하나님이 반절, 내가 반절 이등분해서 책임을 나누라는 것이 아닙니다. 하나님의 능력을 믿고 전적으로 맡기는 것이 합력의 의미인 것입니다. 하나님이 하시는 일과 내가 하는 일을 혼동하면 안 됩니다. 전폭적으로 맡기고 순종하는 것이 하나님과 합력하는 것입니다.

2. 서로 합력해야 합니다.

  "부르심을 입은 자들"은 복수입니다. 교인, 친구, 이웃, 가족을 의미합니다. 서로 합력해야 선을 이룹니다. 서로 합력하려면 서로를 인정하고 이해해야 합니다. 내가 잘났다, 내가 제일이다, 내가 옳다, 내가 맞다 라고 생각하면 합력이 되지 않습니다. 운동경기는 대부분 과격합니다. 권투, 레슬링, 격투기, 유도, 농구, 축구 등 부딪치고 넘어지고 깨지고 부러지고 걷어차고 두들겨 패고… 그런데 경기가 끝나고 나면 서로 토닥거려주고 악수하고 헤어집니다. 경기 후에 팀끼리 두고두고 원수가 되는 일도 없고 전쟁을 하지도 않습니다. 이것을 스포츠 정신이라고 합니다.
  예수 정신은 무엇입니까? 서로 용서하고 이해하고 협력하는 것이 예수 정신, 기독교 생활윤리입니다. 인간은 혼자 사는 존재가 아닙니다. 아담과 하와가 함께 살아야 했던 것처럼 함께 합력해야 하는 존재입니다. 그래서 성경은 우리에게 합력을 가르쳐 주는 것입니다.

중요한 결론이 남아 있습니다. 합력하면 어떻게 됩니까? 합력하여 선을 이룬다고 했습니다. 누가 선하게 만듭니까? 하나님이 하십니다. 하나님은 불행, 실패, 고통, 절망, 고독, 아픔이라는 조각들을 모아 걸작을 만드십니다. 내가 겪고 있는 그런 것들은 하나님의 작품 소재들입니다. 고통과 아픔, 실패와 절망을 겪을 때 "아! 하나님이 걸작을 만드시기 위해 나를 작품재료로 쓰시는 구나"라고 믿고 감사합시다. 원망하거나 불평하지 맙시다.

하나님이 만드시는 명작, 걸작, 명품이 되려면 믿고 맡기고 감사해야 합니다. 그것이 하나님과 합력하는 것이고 선을 이루는 길이 됩니다. 직장에서 교회에서 동네에서 가정에서 합력하는 사람이 됩시다. 합력하는 사람이 됩시다. 합력하는 교인이 됩시다. 합력하는 신앙인이 됩시다.

▶ **학습문제**

(1) 하나님과 합력한다는 것은 무엇을 말합니까?(28)
  답: 하나님의 능력을 믿고 전적으로 맡기고 순종하는 것이 합력입니다.
(2) 서로 합력한다는 것은 무엇입니까?
  답: 예수 정신으로 서로 용서하고 이해하고 협력해서 선을 이루는 것입니다.

🌸 기도

　사랑의 주님, 예수 정신으로 용서하고 이해하고 협력하는 선한 청지기가 되게 하셔서, 가정과 일터와 교회와 동네가 변화되게 하소서. 예수님 이름으로 기도드립니다. 아멘.

🌸 중보기도

(1) 이 땅에 사는 유학생, 이주여성, 외국 근로자들을 예수 정신으로 사랑하게 하소서.
(2) 대한민국 국민들이 합력하여 선을 이루는 나라가 되게 하소서.

▶ 만남의 준비

　이사야 6:6-13을 읽고 신앙인으로의 사명이 무엇인지 묵상해봅시다.

8. 사명과 결단

성경 : 이사야 6:6-13(암송요절 8절)
찬송 : 324장(통360장), 455장(통507장)
주제 : 사명을 따라 최선을 다하는 것이 믿음 있는 사람의 생활 태도입니다.

1. 맡겨진 임무가 있습니다.

  소명은 부르심이고, 사명은 보내심입니다. 사명이란 하나님께서 맡기신 임무를 말합니다. 예를 들면 제사장은 제사의 임무를 맡았고, 레위인은 성전 봉사를, 목사는 교회를 돌보고, 교사는 가르치는 일을, 선교사는 미전도 종족에게 복음 전하는 임무를 맡았습니다. 임무를 맡은 사람들은 최선을 다해야 합니다. "맡은 자들에게 구할 것은 충성이니라"고 했습니다.(고전 4:2) 믿음과 충성의 어원이 같습니다. 최선을 다하는 것이 믿음 있는 사람의 생활 태도입니다.
  구약의 예언자 이사야는 아모스의 아들이었고(1:1), 아내도 여선지자였습니다(8:3). 이름의 뜻은 '여호와는 구원이시다' 입니다. 그는 웃시야, 요담, 아하스, 히스기야왕 등 4대에 걸쳐 장기간 예언 활동을 한 선지자입니다.
  이사야 6장은 "웃시야 왕이 죽던 해"로 시작합니다. 웃시야는 16세에 왕위에 오른 뒤 52년간 나라를 통치하고 국력을 회복하고 번영의 틀을 마련했습니다. 그러나 번영 때문에 백성들의 신앙생활은 몰락하고 있었습니다. 향락과 사치에 빠져 세속화 되고 하나님을 향한 신앙도 무너지고 있었습니다. 왕은 죽고 국내는 혼란하고 국제적으로는 열강과 패권 다툼이 고조되고 있었습니다.

이사야가 그토록 강조한 예언의 초점은 구원과 회복의 주체가 하나님이시라는 것입니다. 그래서 이사야서 후반부는 화려한 회복이 파노라마처럼 펼쳐집니다. 본문 6장에 나오는 소명과 응답은 극적입니다. 하나님의 소명 앞에서 "제가 가겠습니다 저는 헌신할 준비가 되어 있습니다 저를 보내십시오" 위대한 결단이 아닐 수 없습니다.

이사야가 거쳐야 할 사명 수행의 전제 조건이 있습니다. 그것은 자신의 성결입니다(6:5-7). 「나는 입술이 부정한 자」라고 했습니다. 입술은 마음의 창구입니다. 이사야는 자신의 모습을 먼저 발견했습니다. 입술은 예언의 도구입니다. 그 입술이 부정하면 도구가 될 수 없습니다. 그래서 숯불로 입술을 성결케 했습니다.

2. 우리는 하나님의 부름 받은 종이고 일꾼입니다.

종은 자기 이름이 없습니다. 자기 시간이 없습니다. 자기 소유가 없습니다. 자기 자유가 없습니다. 지금 나는 주인입니까, 종입니까? 어느 쪽에 더 익숙합니까? 그리고 어떤 일, 무슨 일을 하고 있습니까? 주님의 일입니까, 자기 일입니까? 주님의 일을 어떤 자세로 해야 합니까?

첫째, 힘들어도 해야 합니다. 이유는 간단합니다. 하나님이 나를 부르셨고 내가 응답했기 때문입니다. 그리고 그 선택에 대한 책임은 내가 져야합니다.

둘째, 바르게 해야 합니다. 주님이 맡겨주신 일 가운데 나쁜 일, 악한 일은 단 하나도 없습니다. 그래서 좋고 바른 일은 바르게 해야 합니다.

셋째, 완주해야 합니다. 완주는 자아와의 싸움이 전제됩니다. 극기가 없으면 완주가 어렵습니다. 우린 여기서 바울이 부른 완주자의 노래를 기억해야 합니다. "나는 선한 싸움 싸우고 나의 달려갈 길을 마치고 믿음을 지켰으니 이제 후로는 나를 위하여 의의 면류관이 예비되었다"(딤후 4:7-8)

넷째, 함께 해야 합니다. 교회는 '함께 하는 공동체'입니다. 그리고 주님과 함께하는 신앙 공동체, 구원 공동체입니다. 주님과 함께 해야 합니다. 그리고 가족과 함께 해야 합니다.

「함께」란 고도의 예술입니다. 독창 보다 합창이 어렵고 웅장합니다. 독주 보다 오케스트라가 힘들고 환상적입니다. 트럼펫 하나의 소리로 세상을 흔들진 못합니다. 그러나 수천 만 개의 트럼펫이 동시에 소리를 내면 지축이 흔들릴 것입니다.

▶ **학습문제**

(1) 사명을 수행하는 사람에게 필요한 전제 조건은 무엇입니까?(사6:5-7)
　　답: 하나님 앞에서 자신을 성결케 하는 것입니다.
(2) 청지기의 사명을 위해 필요한 자세는 무엇입니까?
　　답: 힘들어도 해야 합니다. 바르게 해야 합니다. 완주해야 합니다. 함께 해야 합니다.

🌸 기도

하나님 아버지, 하나님의 일을 힘들어도 바르게, 끝까지 그리고 공동체가 함께 할 수 있는 힘을 주소서. 예수님 이름으로 기도드립니다. 아멘.

🌸 중보기도

(1) 한국교회가 사명을 감당하는 '함께 하는 공동체'가 되게 하소서.
(2) 정신적인 고통을 호소하는 젊은이들이 사명을 발견하여 새로운 힘으로 살게 하소서.

▶ 만남의 준비

마태복음 21:6-11을 읽고 나는 예수님을 어떻게 대하며 사는지 묵상해 봅시다.

PART 02

이진우 목사 편

3월
그리스도의 고난과 십자가를 깨닫는 달

9. 승리의 입성(마 21:6-11)
10. 배신, 아 배신(마 26:20-25)
11. 겟세마네 동산에서(마 26:36-46)
12. 수난 받는 주님(마 26:63-68)

4월
예수 부활의 참 의미를 고찰하는 달

13. 부활하신 예수님(눅 24:1-12)
14. 슬픔이 감격으로(눅 24:13-35)
15. 재회(요 21:1-14)
16. 내 양을 먹이라(요 21:15-23)
17. 제자들에게 주신 그리스도의 부탁(행 1:6-11)

9. 승리의 입성

성경 : 마태복음 21:6-11(암송요절 9절)
찬송 : 88장, 95장(통82장)
주제 : 예수님을 온 마음, 바른 자세로 섬기며 살아내야 합니다.

　매년 이맘때면 유대인들은 예루살렘에 몰려들었습니다. 출애굽을 기념하고 유월절 축제를 갖기 위해서입니다. 그런데 그들의 오랜 희망을 자극하는 소문이 퍼지고 있었습니다. 메시아가 오셨다는 것입니다. 그 예수는 말이나 병거도 아닌 어린 나귀 새끼를 타고, 그것도 안장도 없이 남에게 빌린 겉옷을 그 등에 깔고 나타났습니다.

1. 환호하는 사람들

　예루살렘 성에 입성하시는 예수를 환영하기 위해 군중들이 몰려들었습니다. 군중들은 옷을 바닥에 깔고 종려나무 가지를 흔들며 환호했습니다.
　"호산나 다윗의 자손이여 찬송하리로다 주의 이름으로 오시는 이여"(9).
　대개 이런 상황이 되면 어디론가 피하셨던 예수는 이번에는 군중들이 소리치도록 내버려 두셨습니다. 이렇게 열렬히 환영하던 사람들이 단

며칠 만에 자기들이 찬양하던 이를 붙잡아 처형할 수 있단 말입니까?

여기에는 베다니에서 온 무리들, 나사로의 기적에 놀란 이들도 예수를 둘러쌌을 것입니다. 갈릴리에서 온 순례자들, 예수를 전부터 알고 있었던 자들도 합세했을 것입니다. 마태의 기록에 따르면 맹인과 어린아이들도 이 군중에 포함되었습니다. 이 입성의 현장에서 환호하는 군중의 행렬은 마치 사회 하층민들의 행진과도 같았습니다.

예수님 자신도 이 떠들썩한 행진에 대해 복잡한 감정이었습니다. 누가의 기록에 의하면 예수는 예루살렘 도성에 이르자 울기 시작했습니다. 그는 군중들이 얼마나 쉽게 변하는지 알고 있었습니다. 지금은 열렬히 "호산나!" 하던 그 입술로 또한 "십자가에 못박으라!"고 맹렬히 외칠 수 있음을 모르지 않았던 것입니다.

결국 유대인들은 예루살렘 성에 들어오시는 예수를 열렬히 환영하고 영접하지만 그들이 원하는 메시아가 아님을 알게 됩니다. 그는 그들의 정치적 메시아가 아니었습니다. 그들의 경제적 필요를 해결하러 오신 메시아도 아님을 알게 된 군중은 돌변하고 맙니다.

나 역시 주를 찬송하고 감사하지만, 때로 어느 상황에서 주를 외면하거나 원망하지는 않습니까?

2. 경계하는 사람들

그러나 애초부터 모든 사람들이 예수를 환영한 것은 아니었습니다. 이러한 분위기에 대해서 바리새인들은 분개하고 있었습니다. 그래서 주께서는 그들에게 "만일 이 사람들이 잠잠하면 돌들이 소리 지르리라"(눅 19:40)고 탄식하셨습니다. 어떤 바리새인은 "보라, 온 세상이 저를 좇는도다"(요 12:19)라고 놀라서 외쳤습니다. 이들 눈에는 마치 왕이 나타나 자기 왕좌를 내놓으라고 시위하는 것처럼 비쳤을 것입니다.

 그렇습니다. 지도자들 저편에는 위험이 둘러 있었습니다. 종교 지도자들은 예수께 분노하고 있었습니다. 모인 군중들을 경계하고 있었을 로마군은 산헤드린 지도자들의 말에 솔깃했을 것입니다. 그들은 예수를 위험인물로 지목하고 있었기 때문입니다.

 그날 종려 주일에 뭔가 승리자의 입성 같은 냄새는 있었습니다. 그러나 그 입성은 로마가 경계해야 할 종류와는 거리가 멀었고 예루살렘의 군중들이 기대한 것과도 달랐습니다. 그러면 도대체 이 왕은 어떤 종류의 왕이란 말입니까?

▶ 학습문제

(1) 예수께서 어린 나귀를 타신 모습에서 느끼는 것은 무엇입니까?
 답: 겸손과 온유를 나타내심(슥 9:9절의 성취이기도 합니다).

(2) 내게 예수님은 '정치적, 경제적' 메시아는 아닙니까? 그러면 나는 오늘 무슨 이유로 예수님을 높이며 섬기고 있는 것일까요?
 답: 나의 육신적 필요를 해결하는 왕이 아닌 생명의 구주요 주님이 십니다.

✤ 기도

 하나님 아버지, 분위기에 따라서 혹은 본성적 요구에 따라서 주님을 찾는 자가되지 않게 하옵소서. 당신은 나의 진정한 왕이심을 고백합니다. 예수님 이름으로 기도드립니다. 아멘

🌿 중보기도

(1) 온 세상 모든 사람이 주님을 왕으로 경배할 날이 속히 오게 하소서.
(2) 우리 교회의 모든 성도가 예수님을 참 구주로 섬기게 하옵소서.

▶ 만남의 준비

마태복음 26: 20~25을 읽고 나는 주님을 배반하지는 않는지 묵상해봅시다.

10. 배신, 아 배신

> 성경 : 마태복음 26: 20~25(암송요절 22절)
> 찬송 : 149장(통147장), 144장(통144장)
> 주제 : 부르심에 합당한 자가 되어 끝까지 충성하는 자가 되어야 합니다.

예수께서 사랑하는 제자들과 함께 가진 마지막 만찬은 특별한 의미를 가집니다. 예수님은 그날 밤 그 자리에 모여 있는 열둘 중 하나가 자기를 배신하여 관원들에 넘기리라는 것을 예고하십니다.

1. 내니이까

신경이 날카로워진 제자들은 차례로 "내니이까"(막 14:19)하고 예수께 물었습니다. 잠시 후 가룟 유다는 슬그머니 그 자리를 떠납니다. 아무도 그를 의심스럽게 보지 않았습니다. 회계를 맡은 자가 필요한 물건을 사러 나가려니 하는 것은 당연한 것이었습니다. 유다도 예수께서 온 밤을 기도하고 뽑은 제자였습니다. 회계 일을 맡은 것을 보면 다른 제자보다 신뢰도 얻었습니다. 어쩌다 유다는 하나님의 아들을 배신하게 되었을까요.

사실 다른 제자들도 겟세마네에서 주님을 두고 도망했습니다. 그리고 부활 이후에도 제자들은 선뜻 믿으려 들지 않았습니다. 유다의 배신이 유별난 것은 아니었습니다. 유다의 배신 동기는 다양하게 해석이 됩니다. 요한은 그저 '사단이 들어가서'(요 13:27) 식탁을 떠난 것으로 말하고 있습니다. 예수님이 말하는 왕국이라는 것이 정작 왕좌가 아니라 십자가로 가는 길이었음을 알았을 때, 제자들은 전부 어둠 속으로 사라지고 말았던 것입니다.

오늘 예수를 믿는다고 하지만 내가 만든 예수를 믿는 사람, 나의 욕망을 채워 줄 자로 따르는 자들은 어느 날 어둠 속으로 사라질 수 있습니다. 그분은 우리의 믿음의 주요 또 온전케 하시는 이 임을 알아야 합니다(히 12:2).

2. 친구여

그러고 보면 유다만이 예수를 배신한 유일무이한 존재는 아닙니다. 다만 가장 알려졌을 뿐입니다. 그러나 그런 급박한 순간에도 예수님은 변함없는 사랑을 베풀고 계셨습니다. 특히 자신을 배신한 사람들에게조차 자비를 베푸셨습니다.

겟세마네 동산에서 주께서 피와 땀의 기도를 드리던 시간, 유다는 무리들을 이끌고 동산에 올라왔습니다. 그 순간에도 예수님은 그를 "친구여"(마 26:50)하고 불렀습니다. 다른 제자들이 모두 도망쳤을 때에도 여전히 그들을 사랑했습니다.

3. 이 두 사람

　베드로와 유다처럼 운명이 갈라지는 예도 드물 것입니다. 둘 다 예수의 제자 무리에서 지도자 노릇을 했습니다. 둘 다 예수의 기적을 목격했고 둘 다 보석 같은 말씀들을 곁에서 들었습니다. 둘 다 능력을 받아 전도에 나서기도 했으며 귀신을 쫓는 능력을 행하기도 했습니다.

　희망에서 공포로 그리고 환멸을 느끼게 되는 과정도 둘 다 비슷했습니다. 상황이 위험스럽게 되자 둘 다 주님을 배신했습니다. 그런데 거기서 둘이 비슷하게 가던 과정이 갈라져 버립니다. 유다는 양심의 가책을 받으면서도 회개는 하지 않았습니다. 다만 자기의 결정과 고집대로 자살을 선택해버리고 말았습니다. 그리고 역사에 배신자란 이름으로 남게 됩니다. 그의 죽음은 예수께서 기꺼이 주시려는 은총을 거부한 행동이었습니다.

　한편 베드로는 어떻습니까? 베드로 또한 비참한 심경일 수밖에 없었습니다. 어린 계집종 앞에서 또 다른 사람들 앞에서 주님을 외면하고 저주까지 합니다. 그러나 그는 주님의 말씀을 기억하고 통곡하며 회개합니다. 주님의 은총과 용서에 자신의 마음을 열었습니다. 그리하여 마침내 예루살렘의 대부흥을 주도하고 로마의 순교에 이르기까지 최고의 충성을 드릴 수 있었습니다.

　그렇습니다. 오늘의 실패와 실족은 끝이 아닐 수 있습니다. 놀라운 회복의 주님 앞에 어떻게 서는가에 달려 있습니다.

▶ 학습문제

(1) 예수님의 이 땅에 오신 목적과 유다가 세운 목표는 어떻게 다를까요?
   답: 십자가 고난으로 대속의 죽음을 죽으심. 외세를 물리치고 유다를 복구할 왕으로 생각함.

(2) 유다와 베드로의 운명의 갈림길은 어디에 있는 것일까요?
   답: 비슷한 배신의 자리에서이지만, 그 순간 주님 앞으로 돌이켰는가 여부입니다.

✳ 기도

하나님 아버지, 12 제자들처럼 저 역시 오늘 주를 따른다는 무리 중에 있습니다. 내 꿈 내 욕심을 채워줄 신을 구하는 자가 되지 않게 하옵소서. 예수님 이름으로 기도드립니다. 아멘

✳ 중보기도

(1) 변질된 복음이 판을 치는 세상에서 진리가 다시 회복되게 하소서.
(2) 우리 교회의 온 성도들이 그리스도의 참 제자로 거듭나게 하소서.

▶ 만남의 준비

마태복음 26:36-46을 읽고 중요한 때마다 나는 기도하는지 묵상해 봅시다.

11. 겟세마네 동산에서

성경 : 마태복음 26:36-46(암송요절 42절)
찬송 : 457장(통510장) 549장(통431장)
주제 : 깨어 기도하며 끝까지 주의 뜻을 따르는 자가 되어야 합니다.

만찬의 방에서 나온 예수님 일행은 겟세마네 동산으로 향했습니다. 때는 봄, 동산은 활짝 핀 꽃냄새로 가득했습니다. 기도의 자리를 잡으신 주님과 달리, 제자들은 한낮의 피로와 함께 노곤한 잠으로 빠져들었습니다. 세 제자들 역시 마찬가지였습니다.

1. 홀로의 주님

예수님은 홀로 기도한 적이 많았습니다. 어떤 때는 제자들에게 배를 타고 앞서가라 하고 혼자 온밤을 새워 기도한 적도 있었습니다. 그러나 이날 밤만큼은 제자들이 옆에 있어줘야 했습니다. 누구나 어떤 위기를 당하면 누군가를 옆에 두고 싶어합니다. 특히 수술 직전에, 혹은 임종의 시간을 상상해보십시오.

예수께서도 이 밤에 깊은 고독을 느끼고 있었습니다. 제자들이 깨어 있지 못하자 예수님은 상처받은 마음을 숨기지 않았습니다. "너희가 나와 함께 한 시간도 이렇게 깨어 있을 수 없더냐"(40). 오늘도 우리가 영적 잠에 들 때 주님은 같은 탄식을 하십니다.

2. 내 뜻이 아닌 아버지의 뜻대로

반복된 주님의 기도는 처절하였습니다. 땀이 땅에 떨어지는 핏방울같이 되었습니다(눅22:44). 도대체 무엇이 그를 그토록 번민케 했을까요? 두려움이었을까요? 물론 그 점에 있어서 그는 우리와 다를 바 없었습니다. 주님은 십자가의 고통을 아셨습니다. 참혹한 십자가를 앞두고 갈등, 번뇌, 고민 가운데 기도하셨습니다.

그러나 그 고문과도 같은 여러 시간의 기도가 끝 난후 하늘 아버지의 뜻을 따르는 것으로 매듭지어 졌습니다. 응답받지 못하는 기도, 그것이 겟세마네 이야기의 핵심에 놓여 있습니다. 예수님의 기도와 달리 고난의 잔은 거두어지지 않았던 것입니다. 진정한 기도는 나의 생각과 고집이 성취되는 것이 아닙니다.

기도의 본뜻은 하나님의 뜻을 깨닫고, 그 뜻을 행할 수 있는 힘과 능력을 얻기 위해 기도하는 것입니다. 물론, 우리의 소원 성취를 위해서 기도하고, 중보기도도 하고, 회개와 자백 기도도 합니다. 그러나 기도의 본질은 하나님의 뜻을 분별하고, 그 뜻을 받들어 순종하고 행할 수 있는 능력을 얻기 위하여 기도하는 것입니다.

3. 세상의 거부

그 밤, 세상은 예수님을 거부하였습니다. 밤이 야심해질 때 동산 길로 접어드는 횃불 행렬이 나타났습니다. 그들의 맨 앞에는 유다가 길

잡이로 서 있었습니다. 혼란의 와중에 제자들도 뿔뿔이 도망치고 말았습니다. 제자 중 하나는 칼을 뽑아 들고 대제사장의 종을 치게 됩니다. 그러나 그것은 예수님의 길이 아니었습니다. 즉시 예수께서는 그 제자를 꾸짖으시고 다친 이를 고쳐주셨습니다. "칼을 가지는 자는 다 칼로 망하리라"(52절).

물론 예수님이 힘이 없었던 것은 아닙니다. 예수님은 힘이 없어 체포되신 것이 아니라 하나님의 뜻을 이루기 위해 체포되셨습니다.

아버지의 뜻보다 자기의 뜻을 내세웠다면 열두 군단의 천사들을 불러 전쟁을 치르게 할 수 있었습니다. 그랬으면 교회의 탄생도, 교회의 역사도 없었을 것입니다(54절). 그러나 이 고난의 '잔'이야말로 예수께서 세상에 오신 목적이었습니다.

세상을 향하여 수동적이지 마십시오. 하나님을 믿는 이들은 모든 힘을 이미 가지고 있습니다. 우리의 할 일은 세상을 이기기 위해 힘을 더 갖는 것이 아닙니다. 오직 하나님의 뜻이 무엇인지 바라보는 것입니다. 세상 힘과 힘의 논리에 끌려 다니지 말고 오직 하나님의 뜻을 이루어 가는 자가 되기를 기도합니다.

▶ **학습문제**

(1) 나는 잠든 제자일까요? 그러면 어떻게 해야 할까요?
　　답: (나의 상태는 잠든 혹은 깨어 있는?) 다시금 기도의 실천을 시작해야 합니다.

(2) 왜 제자들은 그 밤에 다 도망치고 말았을까?
　　답: 주님과 함께 깨어 있지 못했기 때문입니다.

기도

하나님 아버지, 겟세마네에 오르신 주님을 생각합니다. 저를 위해 고난의 잔을 받아들이신 주님을 찬양합니다. 예수님 이름으로 기도드립니다. 아멘.

중보기도

(1) 우리 교회 공동체가 다 같이 깨어 있게 하소서.
(2) 교회가 세상에 힘과 능력이 아닌 섬김을 보여주게 하소서.

▶ 만남의 준비

마태복음 26:63~68을 읽고 사명의 길을 가신 예수를 묵상해봅시다.

12. 고난 받는 주님

성경 : 마 26:63~68(암송요절 64절)
찬송 : 494장(통188장), 214장(통349장)
주제 : 예수는 종교나 정치의 구습을 넘어서는 구세주 이십니다.

하루 24시간이 채 지나기도 전에 예수님은 심문을 무려 여섯 차례나 받게 됩니다. 유대인으로부터 받기도 하고 로마인들에게 받기도 합니다. 그리고 마지막에는 로마 총독으로부터 극형을 선고받게 됩니다.

1. 홀로 서신 주님

주목할 것은 예수님의 편은 누구도 없었다는 사실입니다. 그를 변호하고 나서는 증인이 없었습니다. 누구도 이 재판의 부당함에 입을 열지 않았습니다. 심지어 예수님 자신도 스스로를 변호하려 들지 않았습니다. 그 시련이 계속되는 동안 하나님도 역시 침묵하셨습니다.

그런데 재판은 서로 책임 떠넘기기 양상으로 전개되었습니다. 아무도 예수님의 처형의 책임을 떠맡으려는 자가 없었습니다. 기득권을 지키려는 유대 지도자들이나 예루살렘 치안을 지키려는 로마인들에게 예수님은 위협이 될 뿐이었습니다. 진정 예수님의 무죄에 대해서는 관심이 없었습니다. 나는 진실이나 진리보다 사적 이익이나 개인적 입장을 먼저 챙기지는 않습니까?

2. 심문

막바지 심문에서 대제사장은 예수께 증언의 맹세를 요구했습니다. "살아계신 하나님께 맹세하게 하노니"(63절)라는 말로 질문하면 반드시 진실 된 답을 해야 한다는 율법의 규정입니다. 여기서 물은 질문은 "네가 하나님 아들 그리스도인지 우리에게 말하라"(63절). 여기서 예수님은 처음으로 침묵을 깨고 답했습니다. "네가 말하였느니라"(64절).

한술 더 떠서 사람의 아들이 구름을 타고 오는 것을 보리라는 말마저 했습니다. 유대인들에게는 충격적이요 신성 모독에 해당되었습니다. 이에 대제사장은 옷을 찢으며 "어찌 더 증인을 요구하리요"(75절)라고 격분하여 소리쳤습니다. 로마로서는 신성 모독이니 하는 데는 관심이 없었습니다. 그러나 메시아란 말은 왕을 뜻했고 로마가 그런 호칭을 공언하는 자를 그냥 놔둘 수는 없었습니다.

그 와중에 헤롯과 예수님의 상면이 잠시 벌어집니다. 헤롯은 간사한 호기심으로 예수를 보기 원했습니다. 그 헤롯 앞에서 주님은 침묵하였습니다. 오직 빌라도만 간단한 대답을 들을 수 있었습니다. 손을 등 뒤로 묶인 채 뺨에는 군인들의 손자국이 난 채로 "네가 유대인의 왕이냐"(눅 23:3)하는 질문에 "네 말이 옳도다"하는 대답을 했던 것입니다.

이전에도 예수님은 자신을 드러낼 기회를 저버렸습니다. 고침 받은 사람들, 심지어 귀신들까지 그를 메시아로 알아보았으나, 그때마다 잠잠하라고 했습니다. 한때는 군중들이 떼를 지어 주님을 따라다니기도 했습니다. 그때 주께서 하신 일은 자신을 숨기는 일이었습니다.

드디어 이 심문의 현장, 그가 무슨 말을 해도 다 어리석게 들릴 자리에서 비로소 자신을 시인한 것입니다. 종교 권력 앞에서는 '하나님의 아들', 로마 총독 앞에서는 '왕'이라고 말입니다. 이 얼마나 어리석어 보이는 일입니까. 빌라도는 아마 로마에서 겁도 없이 자기가 시저라고 떠드는 미친 자들을 연상했을지도 모릅니다.

모두에게 거절당하고 주변에 아무도 편드는 이 없는 때에 예수는 자신을 '그리스도'라고 시인했습니다. 그러나 이것이 진정한 때였습니다. 이를 두고 훗날 사람들은 이해하기 힘든 일이라고 했습니다. 이 장애가 되는 돌, 한쪽에 제쳐둔 돌, 건축가의 성가신 돌. 그러나 이 세상의 힘과는 다른 하나님의 힘으로 이 돌은 새 왕국의 모퉁잇돌이 되셨습니다.

▶ **학습문제**

(1) 예수님은 대개의 심문 기간 동안 침묵하셨습니다. 그 이유는 무엇입니까?
　답: 자신의 변호나 안일이 아니라 하나님의 뜻이 이루어지기만을 원하셨습니다.

(2) 예수에 대한 유대인들의 입장과 로마인들의 입장은 달랐으나 무엇에 일치되었습니까?
　답: 자신들의 종교적 기득권이나 기존 질서가 훼손되지 않는 것입니다.

🌿 기도

하나님 아버지, 악한 자들의 심문에 자기를 변호하지 않은 주님을 바라봅니다. 헛된 자기 합리화에 빠지지 않기를 원합니다. 사사로운 계산을 버리고 언제나 진리의 편, 주님의 편에 서는 용기를 갖게 하옵소서. 예수님 이름으로 기도드립니다. 아멘.

🌿 중보기도

(1) 주위에 억울한 오해나 따돌림에 처한 이웃이 있는지 돌아보게 하소서.
(2) 오늘도 예수님은 오직 한 분 구세주임을 선포하는 교회 되게 하소서.

▶ 만남의 준비

누가복음 24:1-12을 읽고 부활의 주님을 묵상해봅시다.

13. 부활하신 예수님

성경: 누가복음 24:1-12(암송요절 5절)
찬송: 160장(통150장), 161장(통159장)
주제: 주님의 부활과 승리를 믿고 십자가의 길로 우직하게 걸어가야 합니다.

태풍 뒤의 정적 같은 무거운 침묵이 예루살렘 도성을 덮고 있었습니다. 예수께서 죽으시고 매장된 지 사흘째 되던 날 새벽, 예수님의 무덤을 찾아갔던 여인들로부터 놀라운 소식이 들리기 시작합니다. 예수께서 다시 사셨다! 하지만 여인들이 전한 이 놀라운 소식은 열 한 제자들마저도 믿지 못합니다.

1. 빈 무덤

예수님은 죽음에 머물러 계시지 않고 부활하셨습니다. 예수님의 부활은 예수님을 십자가에 매단 모든 악을 일시에 뒤집어버리는 것이었습니다. 인류를 뒤덮은 죽음의 세력도 소멸시키는 것이었습니다. 하나님 나라가 제국을 이긴다는 것 그리고 십자가야말로 하나님의 능력(고전 1:18)이라는 것이 이 부활로 확연히 드러난 것입니다.

'자기 십자가를 지고 나를 따르라'(눅9:23)는 예수님의 요청은 무기력하게 당하라는 것이 아니라 진정한 승리로 가자는 부름입니다. 부활하신 주님이 십자가의 길 끝에서 우리를 부르고 계십니다. 빈 무덤은 최후 승리의 증표입니다.

2. 천사가 전한 부활 소식

아, 동산의 무덤이 비어있었습니다. 이것을 본 여인들은 예수님의 시신이 없어진 줄 알았습니다. 설마 부활하셨을까? 라고는 생각하지 못했습니다. 부활을 예고하신 예수님의 말씀(눅18:33)을 잊었기 때문입니다. 그들은 예수님의 말씀을 기억한 후에야 상황을 파악할 수 있었습니다. 그리고 제자들에게 이 소식을 전해주었습니다.

그렇습니다. 말씀을 알아야 현실을 해석할 수 있고 무엇을 해야 할지 알 수 있습니다. 그래서 날마다 말씀을 묵상하는 것이 중요합니다. 특히 십자가의 길 끝에 영광과 부활이 있다는 말씀(히11:35)을 기억합해야 합니다. 그래야 지금 내 삶을 제대로 해석하고 정돈할 수 있습니다. 상황보다 중요한 것은 해석입니다.

주목할 사실은, 예수님의 최초 부활의 증언자는 여인들이었다는 사실입니다. 여인들은 당시 사회에서 법정의 증인으로 인정받지도 못했습니다. 여인들의 말은 무시되었습니다. 그러나 하나님은 여인들을 부활의 증인으로 세우셨습니다. 하나님은 모든 무질서를 회복시키기를 원하십니다.

3. 증언과 불신

　열 한 제자들은 이미 주님의 생전에 부활예고를 수차례 들었었습니다. 그리고 그 아침에는 여인들의 생생한 목격담도 들었습니다. 그럼에도 그들은 예수님의 부활을 받아들이지 못했습니다. 왜 그랬을까요? 자신의 판단에 죽은 자의 부활은 불가능한 일이었습니다. 그들은 주님의 말씀보다 자신의 경험과 현실을 더 중요시했기 때문입니다. 이런 오류는 우리의 신앙의 여정에서도 발생합니다. 말씀보다 경험과 상식을 우위에 두면 부활도 믿지 못합니다. 부활을 믿지 못하면 부활로 난 십자가의 길도 가지 못합니다.

　경험과 현실을 근거로 말씀을 분석하고 판단하는 일을 경계합시다. 하나님의 말씀을 믿고 따를 때 말씀이 경험되고 현실이 되는 것입니다.

▶ **학습문제**

(1) 맨 먼저 부활 소식을 전한 이들이 여인들이었음은 당시 사회에 어떤 교훈을 주나요?
　　답: 그릇된 인간 비하의 관습에 대한 경종(여자, 아이, 장애인 등)을 줍니다.
(2) 왜 제자들은 예수님의 부활을 믿지 못했나요?
　　답: 부활 예고의 말씀이나 목격 증언보다 자신들의 경험과 현실을 더 중요시했기 때문입니다.

기도

하나님 아버지, 세상은 아직도 부활절 새벽같이 불신과 어둠에 갇혀 있습니다. 담대히 부활하신 예수를 삶으로 고백하는 삶을 살도록 힘을 주옵소서. 예수님 이름으로 기도드립니다. 아멘

중보기도

(1) 우리 성도들이 좌면우고하지 않고 십자가의 길을 가게 하옵소서.
(2) 우리 공동체가 소망의 부활을 땅 끝까지 전하기를 원합니다.

▶ 만남의 준비

누가복음 24:13-35을 읽고 부활의 풍성함에 대해 묵상해봅시다.

14. 슬픔이 감격으로

성경 : 누가복음 24:13-35(암송요절 31절)
찬송 : 161장(통159장), 162장(통151장)
주제 : 부활의 풍성한 의미를 깨달으면 뜨거운 마음으로 십자가의 길로 갈 수 있습니다.

부활하신 예수님은 그의 사랑하시는 제자들에게 나타나시기 시작하셨습니다. 특히 허탈한 마음으로 허덕이는 이들에게 먼저 찾아가 주셨습니다.

1. 두 제자에게 오심

주님이 부활하신 날 오후, 슬픔에 빠진 채 엠마오로 가는 두 제자가 있었습니다. 이것은 '금의환향'과는 정반대의 모습이었을 것입니다. 이들은 열한 제자 외에 주님을 따르던 제자였을 것입니다. 이십 오리 길의 엠마오로 가는 도중, 부활의 주님이 곁에 다가오셨습니다. 그러나 그들은 눈이 가려져 누구신지를 알아보지 못했습니다. 그런 그들에게 예수께서 먼저 말을 걸으셨습니다.

예수님은 우리가 슬픔에 잠길 때 곁에 다가와 우리의 슬픈 마음을 만져주십니다. 혹시 우리가 예수님을 알아보지 못해도 책망하지 않으시고 우리의 무지를 깨우쳐 주십니다. 주님은 언제나 우리에게 다정한 동행자요 위로자요 또한 교사입니다.

2. 고난과 부활을 설명하심

두 제자가 슬픔에 빠진 이유는 예수님의 부활을 믿지 않았기 때문입니다. 부활을 믿지 못하니 기대했던 '이스라엘의 속량'도 예수님의 죽음과 함께 물거품이 되었다고 생각했습니다. 부활을 모르면 십자가를 지고 고난의 길로 가는 삶이 가장 가련해 보일 것입니다. 그러나 부활이 있기에 그 길은 아름답고 영광스런 길입니다.

예수님은 두 제자에게 성경을 자세히 풀어주셨습니다. 그제야 그들은 예수님의 십자가와 부활의 의미를 깨닫고 '고난을 통과한 영광'에 눈을 떴습니다. 그저 슬픔으로 가득했던 두 제자의 마음이 뜨거워졌습니다. 성경을 대할 때마다 깨달음의 복을 구해야 합니다.

3. 부활 소식을 전하는 두 사람

날이 저물어가면서 일행은 목적지에 도달하게 되었습니다. 두 제자는 예수님과 유숙하기를 간절히 원했습니다. 같이 식사하실 때 떡을 가지사 축사하시고 떼어 그들에게 주셨습니다. 이것은 새 출애굽을 예고하는 오병이어의 기적을 베푸실 때 예수님이 보여주셨던 행동이었습니다(눅9:16). 예수님이 자신의 부활을 통해 이스라엘을 속량(21절)하는 새 출애굽을 이루셨다는 것을 상징적으로 보여주신 것입니다. 그제야 두 제자도 눈앞에 계신 분이 예수님임을 깨닫게 되었습니다. 예수님은 부활을 통해 우리의 구원을 완전히 이루셨고 빈들에서 무리를 먹이신 것처럼 우리를 보살피고 계십니다.

　여기서 주목할 것은 부활의 주님을 만난 후의 그들의 모습입니다. 부활하신 주님을 만난 후, 그냥 머물러 있을 수 없었습니다. 그 밤으로 돌이켜 예루살렘을 향해 길을 재촉했습니다. 낙심 중 걸어왔던 그 길을 기쁨에 넘쳐 달려가게 된 것입니다. 예루살렘에 돌아가 보니 제자들이 거기 있었습니다. 그들은 부활 사건에 대하여 주고받고 있었습니다. 이에 두 사람은 엠마오 길에서 겪은 일과 주께서 떡을 떼심으로 자기들에게 알려주신 것을 증언하게 되었습니다. 부활은 우리를 절망에 두지 않습니다. 실패한 것 같은 현실을 새로운 눈으로 보게 하고 새 일을 시작하게 합니다.

▶ **학습문제**

(1) 엠마오로 가는 두 제자의 마음은 어떠했습니까? 그 이유는 무엇입니까?
　답: 슬픔에 젖음. 기대했던 예수님의 허무한 죽음때문입니다.

(2) 부활하신 주님을 만난 이후 그들의 모습은 어떠했습니까?
　답: 슬픈 마음은 새 소망으로 가득해졌고, 부활의 기쁜 소식을 전하러 다른 제자들을 찾아 갔습니다.

🌱 기도

하나님 아버지, 예수를 믿는다고 나 홀로 걷지는 않는지 돌아보게 하옵소서. 행여 제 눈이 가려져 동행하시는 주님을 망각하는 일이 없게 하소서. 늘 복음전파의 사명도 잘 감당하게 하옵소서. 예수님 이름으로 기도드립니다. 아멘

🌱 중보기도

(1) 저의 주변에 슬픔과 좌절 속에 있는 이들이 주님을 만나게 하옵소서.
(2) 우리 교회가 부활의 산 소망이 넘치는 증인들로 가득하게 하소서.

▶ 만남의 준비

요한복음 21:1-14을 읽고 만남에 대한 기대를 묵상해봅시다.

15. 재회

> 성경 : 요한복음 21:1-14(암송요절 6절)
> 찬송 : 165장(통155장), 317장(통353장)
> 주제 : 피곤하고 낙심한 자들을 먼저 찾아와 위로하시는 예수님

부활하신 예수님이 제자들에게 이미 두 번 나타나셨는데 그때로부터 얼마 지난 후입니다. 장소가 유대 땅 예루살렘에서 갈릴리로 옮겨집니다.

1. 물고기 잡으러 가노라

왜 제자들은 갈릴리에 와 있는 것일까요? 부활하신 예수님께서 갈릴리에서 그들을 보자고 하셨기 때문입니다(마 28:10). 제자들은 태어나서 자랐고 삶의 터전으로 삼았던 갈릴리로 돌아왔습니다. 거기서 그들은 부르심을 받았고 새로운 출발을 하였던 것입니다.

그러나 지금 제자들에게 필요한 것은 예수님과의 관계 회복이었습니다. 베드로를 비롯한 제자들은 예수님을 부인하고 도망친 아픈 기억이 있었습니다. 그들은 밤새도록 애를 썼으나 한 마리도 잡지 못하였습니다. 그것은 제자들의 내적인 방황과 영적 빈곤함을 보여주었습

니다. 우리도 삶에 영적인 열매가 없다면 주님과의 관계를 먼저 점검해봐야겠습니다.

2. 배 오른편에

날이 밝아왔습니다. 어떤 이가 호숫가에 서서 제자들의 모습을 지켜보고 있었습니다. 그러나 제자들은 그가 누구인지 알아보지 못했습니다. 그들은 밤을 지새운 피곤함과 고기를 잡지 못한 공허함에 빠져 누가 서 있는지 관심도 없었습니다.

이때 예수님이 말을 걸었습니다. "얘들아 너희에게 고기가 있느냐". 이는 부모가 자녀를 부르는 모습과도 흡사합니다. 예수님은 '배 오른편에 그물을 던지라'고 하셨습니다. 제자들이 그 말씀대로 그물을 던졌더니 153마리나 물고기가 많이 잡혀 그물을 들 수 없을 정도가 되었습니다.

제자들이 고기를 잡지 못한 이유는 나쁜 장소에 그물을 던졌기 때문이 아니라 예수님을 떠나 자기네 마음대로 뭔가를 하려 했기 때문입니다. 제자들이 물고기를 많이 잡게 된 것은 그물을 배 오른편에 던져졌기 때문이 아니라 예수님의 말씀에 순종했기 때문입니다. 계속 순종하면 영적으로 사람 낚는 어부의 큰일을 할 수 있음을 알려주시는 표적이었습니다.

3. 은총의 식탁

이때 예수님을 제일 먼저 알아본 사람은 요한이었습니다. 그는 '예수님의 가장 사랑받는 사람'이었습니다. 그러자 베드로는 벗었던 겉

옷을 걸치고 물에 뛰어들었습니다. 그냥 바라보고만 있을 수는 없었습니다.

제자들이 육지에 올라보니 숯불이 피워 있고 주님께서 손수 차린 식탁이 마련되어 있었습니다. "와서 조반을 먹으라"(12절). 제자들은 자신들을 위해 식탁을 예비하신 분이 누구인지 물을 필요가 없었습니다. 떡과 생선을 나눠 주시는 모습을 목이 메어 바라보았습니다. 자신들의 불충과는 상관없이 예전과 다름없이 사랑과 자비로 섬기시는 주님이 거기 계셨습니다. 밤새 아무것도 잡지 못하고 낙심 속에 있던 제자들에게 다시 나타나신 예수님은 평안과 기쁨을 주셨습니다. 말이 필요 없었습니다. 누군가는 눈시울을 적셨을지도 모릅니다.

우리는 어제의 실패에 민감하지만 예수님은 오늘의 회복에 더 관심을 기울이십니다. 우리들은 남의 과거를 들추거나 가십(gossip)으로 만들기를 좋아하지만 예수님은 오늘의 새 출발을 기뻐하십니다. 예수님은 오늘 우리의 초라한 모습 속에서도 신실했던 어제의 모습을 기억하십니다. 부활의 주님과 함께 시작합시다.

▶ **학습문제**

(1) 갈릴리에 돌아와 있는 제자들에게 가장 필요한 것은 무엇이었습니까?
　　답: 예수님과의 관계 회복
(2) 그물을 어디에 던졌으며 그 결과는 어떻게 됐습니까?
　　답: 배 오른편, 153마리나 되는 물고기를 잡았습니다.

🌱 기도

하나님 아버지, 저의 연약함을 핑계 삼아 넘어졌던 저의 모습을 고백합니다. 그러나 저를 찾아오셔서 다시 일으켜 세우시는 사랑을 찬양합니다. 예수님 이름으로 기도드립니다. 아멘

🌱 중보기도

(1) 내 주위의 사람들 가운데 믿음에 실족한 자들에게 긍휼을 더하소서
(2) 지금 곤고한 중에 있는 (***) 를 자비의 손으로 붙잡아 주옵소서

▶ 만남의 준비

요한복음 21:15-23을 읽고 내 인생 최고의 감격을 묵상해봅시다.

16. 내 양을 먹이라

> 성경 : 요한복음 21:15-23(암송요절 17절)
> 찬송 : 135장(통133장), 315장(통542장)
> 주제 : 예수님은 낙심과 실패의 자리에 있는 이들 세우기를 기뻐하십니다.

부활하신 예수님의 오심은 초라한 제자들에게 새 소망이 되었습니다. 주님은 손수 떡을 굽고 생선을 구워 식탁을 마련하셨습니다. 밤새 헛 그물질로 탈진했던 제자들이 생기를 회복하게 된 것입니다. 모두가 풍성한 아침 식사를 마치게 되었습니다.

1. 첫 번째 질문

예수께서는 좌우를 둘러보시다가 베드로에게 눈길이 멈추셨습니다. 그리고는 입을 열어 부르셨습니다. "요한의 아들 시몬아 네가 이 사람들보다 나를 더 사랑하느냐"(15절).

시몬이란 베드로의 이전 이름(요1:42)입니다. 전에 예수께서는 그에게 게바(베드로)라는 이름을 주셨었습니다. 그에게서 수제자로서의 가능성을 보았기 때문이었습니다. 그런데 주께서 잡히시던 밤에 베드로는 주를 세 번 부인함으로써 '반석'이라는 의미의 이름에 걸 맞게 행동하지 못하였습니다. 이제 모든 것은 처음부터 다시 시작해야 합니다.

주님은 네가 다른 사람들이 나를 사랑하는 것보다 나를 더 사랑하느냐고 물으신 것입니다. 베드로는 다른 동료들과 자신을 비교하여 자신의 뛰어난 충성을 표현한 바 있었습니다. 베드로는 작게 대답했을 것입니다. "그러하나이다" 베드로는 비록 실패를 하기는 했지만 아직도 주께 대한 애정과 열심을 가지고 있었습니다. 그런 베드로에게 말씀하셨습니다. "내 어린 양을 먹이라".

2. 두 번째 질문

주님은 두 번째 질문을 하셨습니다. "네가 나를 사랑하느냐". 다른 것과 비교하지 않고 다만 사랑하는가 여부를 물으셨습니다. 이제 주님은 다른 사람들과의 관계에서가 아니라 주님 자신과 베드로 사이의 관계를 묻고 있습니다. 문제의 핵심은 다른 것과의 비교 차원이 아니라 네가 나를 진정으로 사랑하느냐 하는 일대일 차원의 관계에 있습니다. 베드로의 대답은 앞의 것과 동일합니다. 적어도 베드로는 이 때 매우 진지하고 솔직하게 과장 없이 대답하였습니다.

3. 세 번째 질문

베드로는 예수님의 세 번째 질문을 받고는 근심에 빠졌습니다. 근심하게 된 이유는 '사랑하느냐'는 질문을 세 번 반복하셨기 때문입니다. 어쩌면 자기가 세 번이나 예수를 모른다고 부인한 것이 생각났을 수도 있습니다. 주께 대한 그의 마음은 변함이 없었으나 그는 이제 더 이상 아무것도 장담할 수 없음을 뼈저리게 깨달았습니다. 그리하여 예전처럼 자신 있게 호언 할 수가 없었던 것입니다.

여기서 베드로는 "주님 모든 것을 아시오매"라고 고백합니다. 이 시간 주께서는 자기의 마음속을 꿰뚫어 보고 계시다는 고백이 들어 있습니다. 이에 예수님은 베드로의 사랑을 세 번 확인하였고 그에게 동일한 사명을 세 번 반복하여 주셨습니다. 이것은 베드로가 주를 세 번이나 부인함으로써 실추된 명예를 회복해 주는 의미가 있고 또한 교회에서의 베드로의 지도권이 다시 위임되고 있음을 보여주는 의미가 있습니다.

대답을 들으신 주님은 베드로의 순교(殉敎)가 예고되는 말씀을 주셨습니다(18절). 베드로에게 주어진 소명은 이제 거역할 수 없는 것이 되었습니다. 그는 이제 더 이상 자기의 삶을 자의적으로 살 수 없습니다. 주님께서 양들을 위하여 예고된 죽음을 자취한 것처럼 베드로도 주님의 사랑하는 양들을 위하여 죽음의 길을 자발적으로 걸어가게 될 것입니다.

▶ **학습문제**

(1) 예수님은 베드로에게 몇 번을 물으셨나요?
　이것은 무엇을 상기시키나요?
　　답: 3번. 베드로의 3번 주를 부인함
(2) 첫 질문에 의하면 우리가 주를 사랑함의 장애물은 무엇이 있나요?
　　답: 다른 사람들과 견주기 – 여기서 교만 혹은 자기 비하가 나옴

🌿 기도

하나님 아버지, 많은 장담과 다짐이 있었지만, 여지없이 무너졌던 지난 날을 회개 합니다. 스스로의 힘으로는 설 수 없습니다. 이제 제가 주께 나아가오니 저를 새롭게 세워주소서. 예수님 이름으로 기도드립니다. 아멘

🌿 중보기도

(1) 요즘 영적 슬럼프에 빠져 있는 가족, 친척을 위해 기도합니다.
(2) 이 땅의 모든 사역자들을 축복하셔서 성령의 능력으로 다시 서게 하옵소서.

▶ 만남의 준비

사도행전 1:6-11을 읽고 예수님의 마지막 당부를 묵상해봅시다.

17. 제자들에게 주신 그리스도의 부탁

성경 : 사도행전 1:6-11(암송요절 8절)
찬송 : 180장(통168장), 208장(통26장)
주제 : 제자들에 대한 마지막 당부와 장엄한 예수승천 현장에서

예수님의 공적 생애 33년이 마무리되고 있었습니다. 부활하신 예수께서는 제자들과 감람산에 이르셨습니다. 그리고 그들에게 당신의 남기신 사역을 맡기십니다. 그런 직후 주님은 하늘로 들려 올라가십니다.

1. 제자들의 질문

그들은 주께서 이스라엘 나라를 회복하심이 이 때니이까 라고 물었습니다. 그러나 그들의 이 질문은 두 가지로 잘못된 질문이었습니다.
첫째는 '그 나라에 대한 기대'가 잘못되었습니다. 그들은 그리스도께서 "이스라엘 나라를 지금 회복하시리라"고 생각하였습니다. 즉 그가 유대 민족을 "다윗 왕이나 솔로몬 왕 때처럼" 세계에서 위대하고 뛰어난 국가로 일으켜 줄 것을 바랬습니다. 그러나 그리스도께서는 자신의 나라를 세우려고 오신 것은 사실이나 그 나라는 지상의 나라가 아니라 하늘나라였습니다.

둘째는 '그 나라의 때'에 관한 질문이 잘못되었습니다. 그들은 이렇게 질문합니다. "주여 이 일을 이루심이 이 때니이까?" 이 목적을 위해 자신들을 부르셨고 그 나라를 이스라엘에게 회복시키시기 위한 적절한 계획도 세워진 것인지를 알고자 했습니다. 그들은 기다리고 있을 수 없었습니다. 그러나 믿는 자는 조급하지 말아야 하며 하나님의 때가 제일 적절한 때라는 사실로 만족해야 합니다.

2. 예수님의 답변과 당부

"때와 시기는 아버지께서 자기의 권한에 두셨으니 너희가 알 바 아니요"(7절). 때와 시기는 보다 긴 시간과 보다 짧은 시간을 가리킵니다. 전자는 시간의 지속을 가리키고 후자는 정해진 한순간을 의미합니다(살전 5:1).

주님은 '때'를 묻는 제자들의 질문에 대해 직접적으로 아니다'라고 답하지 않았습니다. 대신 그는 제자들의 관심을 장차 그들이 감당해야 할 사명으로 돌리셨습니다(8절). 이미 주께서는 자신도 그의 재림의 날과 때를 알지 못하며 오직 하나님만 그것을 알고 계신다고 제자들에게 말씀하신 바 있습니다(마 24:36; 막 13:32).

주께서는 그러니 당부하신다 한 것입니다. 성령이 너희에게 임하심으로 너희가 성령의 능력을 받을 것이요, 또한 헛되이 받지 않으리니 이는 너희가 나와 나의 영광에 증인이 되어야 하기 때문이라. 또한 너희의 증언도 헛되지 않으리니 그 증언이 이곳 예루살렘에서 받아들여질 것이요 인근 지방과 나아가 전 세계에 퍼질 것이기 때문이라 말씀하셨습니다.

그리스도께서 우리로 하여금 이 세대 속에서 자신의 영광을 위하여 살기를 원하신다면 우리가 이 증인이 되는 것만으로도 충분합니다.

3. 승천

　주께서는 많은 "제자들이 쳐다보고 있는 동안" 그들 앞에서 승천하셨습니다. 서서히 위로 올라가셨습니다. 그것은 아주 찬란하고 두터운 구름이었습니다. 이 구름은 우리가 흔히 보는 구름이 아니라 특별히 그를 영접하기 위해 준비된 것이었습니다. 이것이 그의 지상 최후의 모습이었습니다. 수많은 증인들의 눈이 구름 속으로 사라지는 그를 지켜보았습니다.
　이때 두 천사들이 메시지를 전합니다. 그는 똑 같은 방법으로 오실 것입니다. 하나님의 호령과 나팔소리와 함께 오실 것 입니다(살전 4:16). 그때에는 우리가 구름을 타고 공중에서 주님을 만나게 될 것입니다. 주님 재림에 대한 기대는 오고오는 세대에 한없는 위로와 용기를 주는 것입니다.

▶ **학습문제**

　(1) 제자들의 주께 대한 틀린 질문의 내용은 무엇입니까?
　　　답: 그 나라에 대한 기대, 그 나라에 대한 때
　(2) 주님의 승천 장면이 우리에게 주는 가장 강한 메시지는 무엇입니까?
　　　답: 승천하신 모습 그대로 다시 오실 주님에 대한 소망

❋ 기도

하나님 아버지, 우리로 하여금 영의 눈이 뜨이게 하셔서 진정 주님이 원하시는 그것을 나도 원하며 구할 수 있게 하옵소서. 예수님 이름으로 기도드립니다. 아멘

❋ 중보기도

(1) 어느 시간 어느 현장에서도 주님의 증인으로 살게 하옵소서.
(2) 신앙이 느슨해진 지체들이 주님의 재림을 대망하게 하옵소서.

▶ 만남의 준비

마가복음 10:13-16을 읽고 어린아이에 대해 묵상해봅시다.

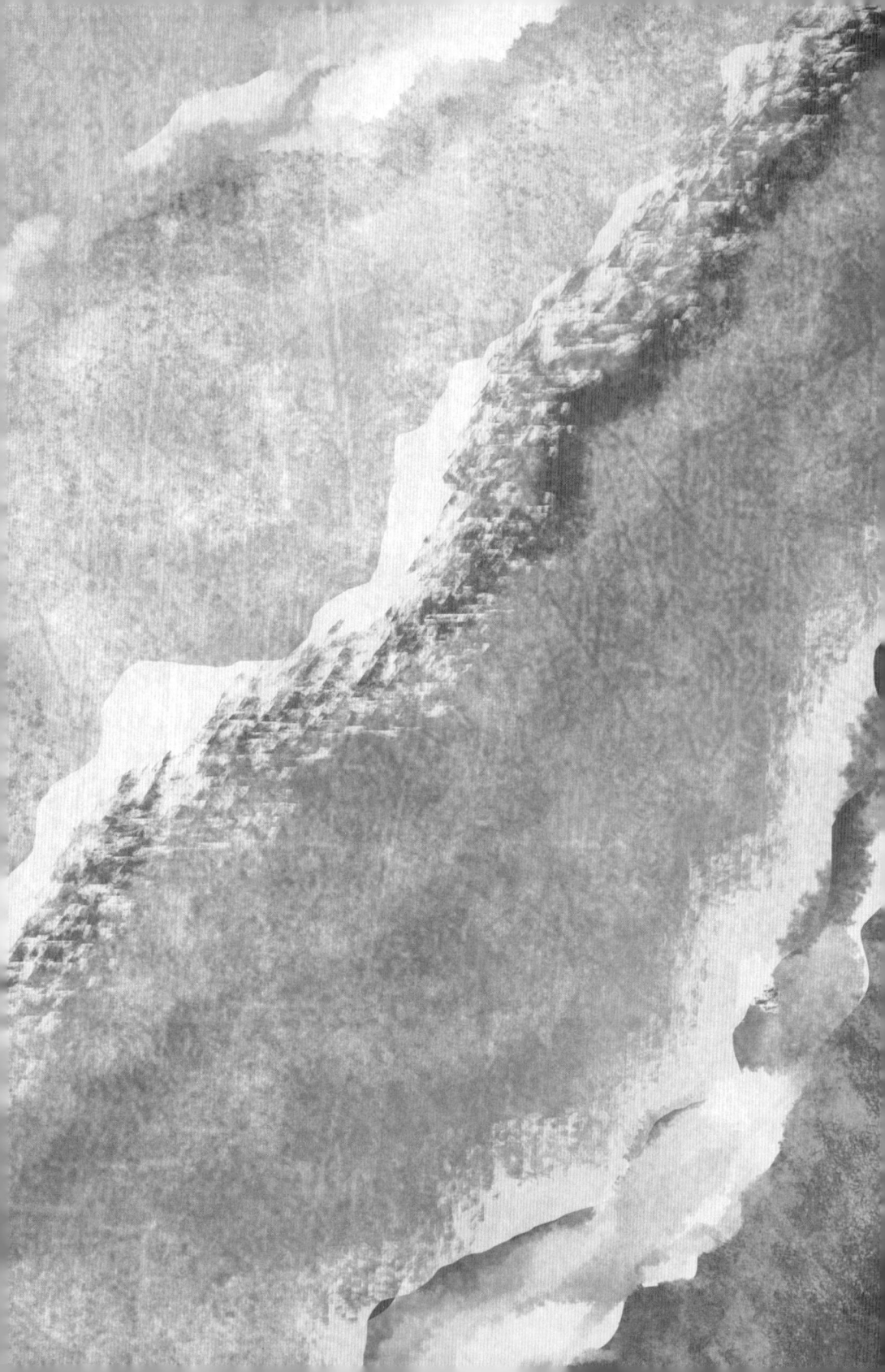

PART 03

김창근 목사 편

5월
예수로 세워지는 가정의 달

18. 사랑과 축복으로 세워지는 자녀(막 10:13-16)
19. 말씀으로 세워지는 가정(잠 22:6-13)
20. 예수님 안에서 세워지는 가정(골 3:18-19)
21. 영원한 언약으로 세워지는 가정(렘 32:36-42)

6월
그리스도의 제자로 거듭나는 달

22. 그리스도를 본받는 제자(고전 4:14-21)
23. 진정한 제자의 조건(요 13:12-17)
24. 예수님을 향한 온전한 삶(엡 4:11-15)
25. 예수 그리스도의 증언(행 1:6-11)

18. 사랑과 축복으로 세워지는 자녀

성경 : 마가복음 10:13-16(암송요절 14절)
찬송 : 564장(통299장), 565장(통300장)
주제 : 예수님이 어린이들을 사랑하시고 축복하시듯, 부모는 가정에서 어린이들을 소중히 여기고 축복해야 합니다.

자기 자녀들을 축복해 주시기를 원해서 예수께 데려온 부모들이 있었습니다. 그러나 제자들은 어린이들을 사랑하시는 예수님의 마음을 모르고 이들을 꾸짖었습니다. 이를 보신 예수님은 노하여 책망하시고 그 아이들을 안고 안수하고 축복해 주셨습니다. 그 아이들은 교회의 훌륭한 지도자들이 되었다고 합니다.

1. 어린이들은 가정에서 하나님의 사랑받는 소중한 존재여야 합니다.

예수님 시대에는 어린이들과 여인들은 인격적으로 대우를 받지 못했습니다. 그러나 예수님은 어린이들의 모습 속에서 하나님의 나라를 보셨고, 그들의 위대한 미래를 보셨습니다. 가정에서 어린이들이 사랑의 표현과 칭찬이 부족하면 열등감이 생기고, 마음속에 수치심과 죄책감 외로움 등이 생기게 됩니다. 그러나 가정에서 부모가 예수님을 대신하여 사랑하며 칭찬하면 어린이들이 삶이 바뀌고 행복한 미래가 열리게 됩니다.

닉 부이치치는 양손과 발이 없는 장애아로 태어났지만, 신앙이 좋은 부모는 닉과 늘 대화하고 사랑을 확인시켜주며 격려하였습니다. 닉은 어떻게든 일어나려고 했고, 나중에는 소파나 벽에 이마를 대고 스스로 일어서는 법을 터득했습니다. 닉은 고등학교에서 장애인으로 최초로 반장도 하고 전교 회장도 하였습니다. 사람은 사랑하며 또 사랑받으며 살도록 지음 받았습니다. 어린이들이 행복하고 풍성한 삶을 살려면 가정에서 풍성한 사랑을 받아야 합니다.

2. 예수님은 가정에서 어린아이들이 축복 받아야 할 존재라는 것을 가르쳐주셨습니다.

예수님은 어린 아이들을 안고 안수하며 축복해 주셨습니다. 이와 같이 가정에서 아이들이 축복받을 수 있게 하는 것이 부모의 사명입니다. 가정에서 부모는 아이들을 많이 격려하고 칭찬해주어야 합니다. 연구에 의하면 칭찬 한 마디는 30가지 효과를 낸다고 합니다.

세계적인 기업 GE의 CEO인 잭 웰치는 어린 시절 아주 심한 말더듬이어서 친구들의 놀림감이 되었는데 어머니는 늘 이렇게 말해 주었습니다. "너는 두뇌 회전이 무척 빠른데 미처 입이 따라가지 못해서 그런 거야. 네가 말을 하는 데 어려움을 느끼는 건 말하는 동안 새로운 아이디어가 끊임없이 떠오르기 때문이란다." 아들의 단점을 오히려 뛰어난 장점으로 해석했습니다. 부모는 자녀들을 많이 칭찬해 주어야 합니다. 칭찬은 자녀에게 줄 수 있는 가장 좋은 축복과 선물입니다. 우리는 가정에서 어떤 부모인지를 깊이 생각해 보아야 합니다.

3. 부모는 가정과 사회에서 어린 아이처럼 하나님의 나라를 구해야 합니다.

그리스도인은 어린 아이 같은 믿음의 사람이 되어야 합니다. 어린 아이와 같은 순전한 믿음을 가져야 하나님의 나라를 구할 수 있습니다. 하나님을 삶의 중심에 두지 않으면 문제가 심각합니다. 대신 하나님이 함께 하시면 그는 하나님의 대사가 됩니다. 하나님이 그 마음 안에 계시면 어렵고 힘들고 가난해도 그 누구도 빼앗을 수 없는 기쁨과 보람을 안고 살게 됩니다. 현재 닉 부이치치는 복음 전도 강사요 전도자로서 끊임없이 온 세상을 다니며, 수백만 명의 사람들에게 희망과 용기를 전해 주며 수천 명을 예수 그리스도께 인도하기도 했습니다. 팔다리가 없는 닉이 전 세계의 수많은 사람을 예수님께로 인도하는 사람으로 자란 것은 믿음으로 살았던 부모의 사랑과 가르침의 결과입니다. 비록 지금 우리 자녀가 힘들고 어려운 상황 속에 있어도 소망을 가지고 위로해 주고 축복할 때 자녀들의 놀라운 미래와 은혜가 있을 것입니다.

▶ **학습문제**

(1) 가정에서 자녀들을 올바르게 양육하기 위해 필요한 것은 무엇입니까?
　　답: 자녀들은 내 자녀이기 전에 예수님이 사랑하시는 소중한 선물임을 알아야 합니다.

(2) 자녀들이 훌륭한 인생을 살도록 하기 위한 부모의 역할은 무엇입니까?
　　답: 부모는 예수님의 눈으로 자녀를 보고 축복하며 격려해야 합니다.

🌱 기도

　자녀들은 하나님께서 우리 가정에 보내주신 하나님의 자녀임을 알게 하옵소서. 주님의 마음으로 소중히 여기며 사랑하며 축복하여 하나님의 뜻을 이루게 하소서. 예수님 이름으로 기도드립니다. 아멘.

🌱 중보기도

(1) 자녀들이 하나님을 경외하며 하나님의 축복 속에 경건하게 자라가게 하옵소서.
(2) 가정에서 가족들이 하나님의 나라를 경험하며 주님의 뜻 가운데 살게 하옵소서.

▶ 만남의 준비

　잠언 22:6-13을 읽고 말씀으로 가정을 세우는 길을 묵상해봅시다.

19. 말씀으로 세워지는 가정

성경 : 잠언 22:6-13(암송요절 6절)
찬송 : 545장(통 399장), 199장(통 234장)
주제 : 가정에서 하나님의 자녀들을 성경 말씀으로 가르치며 믿음으로 살게 해야 합니다.

유대인 부모의 가장 큰 의무는 자녀들에게 '하나님의 율법'을 가르치고 결혼을 준비시켜 주는 것입니다. 유대인들은 어린이를 율법의 상속자로 보고 날마다 율법을 가르치고 묵상하며, 말씀대로 살게 해서 세계에서 가장 영향력 있는 민족이 되었습니다. 부모는 자녀들이 그리스도인으로 자라도록 하나님의 말씀으로 자녀와 가정을 세워가야 합니다.

1. 부모는 마땅히 행할 길을 자녀에게 가르쳐야 합니다.

잠언에 보면 "마땅히 행할 길을 아이에게 가르치라 그리하면 늙어도 그것을 떠나지 아니하리라"(잠 22:6)고 하였습니다. '가르치라'는 히브리어로 '하노크'이며 '길들이다'라는 의미입니다. 부모는 자녀가 평생 하나님께 헌신하는 삶을 살도록 훈련시켜야 합니다. 자녀가 마땅히 행할 길은 하나님 앞에서 선한 삶을 사는 것입니다. 부모는 가정에서 하나님의 말씀으로 훈련시키고 어떻게 사는 것이 올바르며 행복한 인생으로 이끄는지 가르쳐야 합니다.

오늘날 포스트모던 시대는 이미 선과 악의 기준이 사라지고 있습니다. 하나님 없는 인생은 자기 자신을 기준으로 삼고 결국은 죄악과 멸망의 길로 갑니다. 그러나 의인은 하나님을 높이며 의와 진리를 따라 삽니다. 부모는 가정에서 자녀가 어릴 때부터 성경 말씀대로 하나님을 믿고 하나님을 예배하게 하여야 합니다.

2. 부모는 자녀가 어릴 때부터 하나님 앞에서 겸손히 살게 해야 합니다.

본문 10절에 거만한 자를 쫓아내면 다툼이 쉬고 싸움과 수욕이 그친다고 하였습니다. 교만은 모든 죄의 뿌리요 멸망으로 인도합니다. 그러나 겸손하면 하나님께서 은혜를 베푸십니다. 시편에는 하나님께서 겸손한 자를 찾으시며 높이신다고 하였습니다(시 149:4). 겸손이란 철저히 하나님만 의지하고 그리스도와 함께 진리로 살고 생명으로 들어가는 것입니다. 자신의 한계를 인정하고 적극적으로 하나님을 신뢰하는 겸손한 사람에게는 기쁨과 감사가 충만하고 행복한 삶을 살게 됩니다. 우리가 겸손에 실패할 때 믿음과 사랑에도 실패하게 됩니다. 교회와 세상에서 또한 가정에서도 겸손이 없으면 모든 관계는 무너지게 됩니다. 겸손은 우리에게 다른 사람을 존중하며 다른 사람들과 아름다운 관계를 맺게 해 줍니다.

3. 부모는 자녀가 근면한 삶을 살도록 가르쳐야 합니다.

게으른 자는 쉽게 핑계를 대며 변명하기를 잘합니다(잠 22:13). 본문에서 게으른 자는 밖에는 사자가 있으니 나가면 찢길 것이기에 집안에서 잠을 자겠다고 말한다고 말합니다. 만사를 부정적으로만 생각하는 게으른 사람에게는 미래가 없습니다. 하나님은 모든 사람에게 재능을 주시고, 그 재능을 인내와 노력으로 개발하도록 하셨습니다.

음악가 루빈스타인(Arthur Rubinstein, 1887-1982)은 근면과 부지런하기로 유명한데 그는 이런 좌우명을 남겼습니다. "하루를 연습하지 않으면 자기가 알고, 이틀을 연습하지 않으면 평론가가 알고, 사흘을 연습하지 않으면 청중이 안다." 사람의 근육에도 기억력이 있는데, 이 기억력은 72시간에 불과하다고 합니다. 그러므로 쉬지 않고 근면하게 연습을 해야 합니다. 부모가 가정에서 말씀대로 부지런하게 살고 말씀을 자녀들에게 가르칠 때 그들이 크게 번성하게 됩니다(신 6:3).

▶ **학습문제**

(1) 부모가 가정에서 자녀를 위해 해야 할 가장 중요한 의무는 무엇입니까?
   답: 어릴 때부터 하나님 앞에서 마땅히 말씀대로 행할 길을 가르쳐야 합니다.

(2) 하나님의 자녀로 살기 위해 필요한 믿음의 길은 무엇입니까?
   답: 하나님의 말씀을 따라 선하고 겸손하고 근면하게 살아가야 합니다.

기도

하나님 아버지. 주님께서 허락하여 주신 자녀를 믿음으로 살게 하시고, 말씀을 따라 세상에서 바르고 선하며 부지런한 삶을 살게 하소서. 예수님 이름으로 기도드립니다. 아멘.

중보기도

(1) 믿음의 자녀들이 세상에서 모범이 되고 빛이 되게 하소서.
(2) 하나님의 말씀으로 세상과 사회를 바르게 이끄는 가정이 되게 하소서.

▶ 만남의 준비

골로새서 3:18-19을 읽고 예수님 안에서 행복한 가정을 묵상해봅시다.

20. 예수님 안에서 세워지는 가정

성경 : 골로새서 3:18-19(암송요절 18절)
찬송 : 220장(통278장), 559장(통305장)
주제 : 가정의 행복은 예수님의 사랑과 가족 간의 사랑을 회복할 때 옵니다.

많은 사람들은 세상과 이웃이 바뀌고 내 가족들이 먼저 변화되어야 한다고 생각합니다. 그러나 변화는 내 자신에서부터 시작되어야 합니다. 신앙생활은 하나님 앞에서 이웃을 비판하고 원망하기 전에 먼저 자신을 철저히 바꾸어가는 것입니다. 그런데 자신이 변화된다는 것은 결코 쉬운 일이 아닙니다. 가정이 변화되려면 내면의 변화 원리를 알아야 합니다.

1. 가정의 변화와 행복은 오직 예수 그리스도 안에서만 가능합니다.

예수 그리스도를 믿으면 구원받고 하나님의 자녀로 신분이 변화됩니다. 그러나 신분의 변화만으로는 부족합니다. 그리스도인은 하나님의 자녀로 신분이 새로워짐과 같이 그의 성품과 생활도 새로워져야 합니다. 즉 예수 그리스도를 믿을 뿐 아니라 예수 그리스도를 본받고 생활도 변해야 합니다. 바울은 가정 문제의 핵심인 부부 사이의 도리에 대해 권면합니다. 그리스도인은 가정에서 그리스도를 본받아 부부 생활을 해야 합니다. 하나님께서는 그리스도인들에게 부부 생활의 원칙을 정해두셨습니다. 그 법칙을 따라 가정을 지켜가야 합니다. 예수님을 마음에 믿고 구원받아 하나님과 화목하여 주님의 자녀가 되었다면 그 다음은 부부 생활이 예수님 안에서 회복되어야 합니다. 바울의 권면처럼 주님 안에 사는 부부는 마땅히 서로 존중하며 소중하게 여길 때 행복한 가정이 이루어집니다.

2. 가정의 변화와 행복은 주 안에서 하나님의 관점으로 서로를 볼 때 가능합니다.

결혼을 인간의 눈으로 볼지, 하나님 눈으로 볼지 선택해야 합니다. 그 기준은 '주 안에서'로 주어집니다. 인간의 관점에서 보면 자기 욕망과 기대를 위해 결혼합니다. 그러나 하나님 관점에서 보면 하나님께 영광이 되고 하나님의 사랑과 생명을 나누기 위해 결혼합니다. 결혼 자체가 목적이 되면 하나님 안에서 누릴 수 있는 기쁨은 이기심과 탐심으로 손상됩니다. 하나님께서 인간을 삼위일체 하나님의 형상대로 더불어 존재하는 자로 지으셨으나 원죄가 시작된 후 모든 관계는 뒤틀려졌습니다. 아내는 남편을 원하고 남편은 아내를 다스리는 관계가 되었습니다. 그러나 그리스도께서 오심으로 인간관계는 회복되고 가정이 변화되기 시작했습니다. 예수님은 우리를 구원하시려 사랑이신 하나님께 순종하셔서 십자가를 지셨습니다. 그러므로 예수님을 믿고 구원받은 아내들은 순종의 본이신 예수님처럼 남편에게 순종하고 남편은 아내를 사랑하라고 하셨습니다.

3. 주 안에서 서로를 사랑하며 축복할 때 행복한 가정이 됩니다.

　신약시대 당시 로마 사회에서는 여자는 남편의 지배를 받는 소유물과 같았습니다. 법적으로 남편은 아내에게 집을 주고 아이를 낳게 하면 그것으로 족하다고 하였습니다. 아내를 존중하며 진심으로 사랑하고 인격적으로 대하는 것은 상상도 못했습니다. 성경은 남편에게 아내를 사랑하며 괴롭게 하지 말라고 명령합니다. 워싱턴 주립대 존 카터 박사는 부부 관계의 파탄은 부부가 서로 비난하고, 변명하고, 경멸하고, 서로 담을 쌓는 데서 온다고 하였습니다. 행복한 부부가 되려면 행복을 당기는 말을 해야 합니다. 서로 인정해 주고 축복해주어야 합니다. "당신 훌륭해요!", "당신을 사랑해요!" 그리고 서로 손을 잡고 기도하며 살아야 합니다. 부부는 예수님의 이름으로 서로 축복해야 합니다. 그럴 때 하나님께서 그 축복대로 복을 주시어 행복한 가정이 되고 아름다운 세상이 되도록 하실 것입니다.

▶ **학습문제**

(1) 하나님이 원하시는 가정으로 변화되기 위해 필요한 것은 무엇입니까?
　　답: 먼저 부부가 그리스도 예수 안에서 영적으로 변화되어야 합니다.
(2) 주 안에서 행복한 부부가 되기 위해서 구체적으로 해야 할 것은 무엇입니까?
　　답: 아내는 남편에게 복종하고 남편은 아내를 사랑하고 서로 축복해야 합니다.

기도

하나님 아버지. 하나님께서 원래 창조하신 행복과 사랑이 넘치는 가정이 되게 하여 주소서. 예수님 이름으로 기도드립니다. 아멘.

중보기도

(1) 부부가 서로 변화되기를 바라기 전에 하나님 안에서 자신이 먼저 변화되게 하옵소서.
(2) 서로 비판하고 모욕하지 말고 우리를 구원하려고 십자가를 지신 예수님처럼 사랑하며 축복하는 부부되게 하소서.

▶ 만남의 준비

예레미야 32:36-42을 읽고 영원한 언약 위에 세워지는 가정을 묵상해 봅시다.

21. 영원한 언약으로 세워지는 가정

성경 : 예레미야 32:36-42(암송요절 40절)
찬송 : 539장(통483장), 200장(통240장)
주제 : 고난과 시련이 와도 하나님의 영원한 언약이 성취됨을 믿는 가정으로 세워주십니다.

　오케스트라 공연 시작 전 연주자들은 일제히 튜닝을 합니다. 지휘자가 입장하기 전에 모든 단원이 자기 악기의 음높이를 하나로 맞출 때 조화로운 연주가 가능합니다. 튜닝은 우리의 삶에도 필요하고 교회나 가정도 마찬가지입니다. 우리 가정이 하나님과 함께 복된 미래를 향해 나가려면 하나님의 영원한 언약, 하나님의 기본음에 따라 가정을 세워가야 합니다.

1. 하나님의 영원한 언약은 우리를 구원하시어 돌아오게 하신다는 것입니다.

　눈물의 선지자 예레미야는 유다가 고통과 멸망을 당할 것을 예언하였습니다. 그러나 예레미야의 예언은 심판으로만 끝나지 않았습니다. 사람의 눈으로 보기에는 회복이 불가능한 종말가운데서도 하나님은 이스라엘을 구원하시고 회복하신다는 "하나님의 영원한 언약"(40절)을 주셨습니다. 유다는 하나님의 말씀처럼 이후 바벨론에 의해 칼과 기근과 전염병으로 멸망하고 70여 년간 고난을 당했지만 다시 예루살렘에 돌아오게 되었습니다. 하나님께서 바벨론에 의해 흩어졌던 이스라엘을 다시 회복하신 것처럼 오늘의 성도들의 가정과 교회를 다시 회복하실 것입니다. 이것이 바로 영원한 언약입니다. 세상에서 성도들의 가정과 교회가 일시적인 어려움과 고통을 당할 수 있으나 절망하지 말고 기도해야 합니다. 하나님은 영원한 언약대로 반드시 우리를 돌아오게 하시고 회복시키십니다. 그러므로 고난과 어려움이 있지만 오히려 하나님께로 믿음으로 돌이키는 기회로 삼아야 합니다.

2. 하나님의 영원한 언약은 가족이 함께 예배하며 복을 받게 하신다는 것입니다.

사람의 마음은 쉽게 치우치거나 잘못된 길로 갈 수 있습니다. 그러나 하나님은 우리에게 한 마음과 한 길을 주십니다(39절). 가정에서 부부의 마음이 하나 된다면 천국과 같은 가정이 됩니다. 부모와 자녀가 한 마음이 되면 그 가정은 형통하게 됩니다. 하나님은 우리 자녀들과 가족들의 마음을 하나로, 성도들의 마음을 하나가 되게 하시고 함께 하시겠다고 약속하십니다. 우리는 "한 마음과 한 길을 주어... 하나님을 항상 경외하게 한다"는 말씀에서 우리의 '길과 진리와 생명'이신 예수님을 생각하게 됩니다(요14:6). 우리가 예수 그리스도의 마음으로 하나가 되고 함께 하나님을 경외할 때 하나님은 우리들과 우리 후손에게 복을 주시며 떠나지 아니하신다는 영원한 언약을 이루어주십니다. 하나님이 우리에게 원하시는 것은 어떤 여건과 상황 속에서도 하나님을 경외하며 전심으로 예배하는 것입니다. 그에게는 하늘이 열리고 홍해가 갈라지고 하나님의 새 역사를 경험할 수 있습니다.

3. 하나님의 영원한 언약은 이 세상에 우리를 심으신다는 것입니다.

　전능하신 하나님께서 우리를 이 땅과 세상에 분명히 심으시겠다고 약속하십니다. 하나님이 심으시면 반드시 형통하며 성장하게 됩니다. 본문 41절 말씀에서 하나님은 복을 주시겠다고 약속하시며 이어서 이 세상과 이 땅에 심는다고 하십니다. 그리고 정말 그 약속을 예수님을 통해 지키셨습니다. 예수 그리스도를 이 땅에 보내시고 우리를 죄와 사망에서 구원하시기 위해 십자가의 길을 걷게 하셨습니다. 하나님이 마음과 생명을 다해서 하시겠다고 하면 그 어떤 것도 막을 수 없습니다. 나무를 심는 목적은 성장하며 열매를 맺게 하는 것입니다. 이제 우리가 할 일은 믿음으로 하나님께 붙어있고 하나님의 뜻대로 성장하며 열매를 맺는 것입니다. 우리의 삶에서 고난과 어려움이 있을 때 하나님의 기본음, 영원한 언약을 들어야 합니다. 하나님께서 언제나 우리와 함께 하시며 우리를 돌아오게 하시며 예배하게 하십니다. 하나님은 언약대로 우리를 이 땅에 든든하게 심으심을 믿는 가정이 되어야 합니다.

▶ **학습문제**

(1) 인생의 고난과 시련 앞에서 신앙의 가정이 기억해야 할 것은 무엇입니까?
　　답: 하나님의 영원한 언약을 의지하고 믿음으로 하나님과 동행해야 합니다.
(2) 믿음을 가진 부모가 자녀들에게 남겨주어야 할 교훈은 무엇입니까?
　　답: 하나님을 예배할 때 하나님께서 복 주시고 세워주심을 믿고 최선을 다해야 합니다.

❈ **기도**

하나님 아버지. 어떤 시련과 어려움이 있어도 하나님이 우리와 함께 계심을 믿게 하여 주옵소서. 예수님 이름으로 기도드립니다. 아멘.

❈ **중보기도**

(1) 어떤 상황에서도 항상 성경 말씀을 믿고 승리하는 교회와 가정이 되게 하소서.
(2) 우리나라와 민족을 지켜 주셔서 하나님을 믿고 거룩하게 살아가게 하소서.

▶ **만남의 준비**

고린도전서 4:14-21을 읽고 그리스도를 본받는 제자를 묵상해봅시다.

22. 그리스도를 본받는 제자

성경 : 고린도전서 4:14-21(암송요절 16절)
찬송 : 453장(통506장), 463장(통518장)
주제 : 예수님을 따르고 예수님의 복음의 일꾼으로 살아야 합니다.

사도 바울은 다메섹 도상에서 예수님을 만난 후에 일생동안 추구할 뚜렷한 목표가 생겼습니다. 그것은 그리스도의 제자, 예수를 닮은 사람으로 변화되는 것이었습니다. 바울과 같이 우리가 본받아야 할 제자의 삶은 구체적으로 무엇입니까?

1. 그리스도의 복음의 일꾼으로 사는 것입니다.

바울은 4장 1절에서 "사람이 마땅히 우리를 그리스도의 일꾼이요 하나님의 비밀을 맡은 자로 여길지어다"고 하였습니다. 바울의 신앙생활의 목표는 그리스도의 일꾼이 되는 것입니다. 바울은 그리스도의 일꾼은 여러 사역과 봉사를 하기 전 먼저 하나님의 비밀을 맡은 자가 되어야 한다고 강조합니다. 하나님의 비밀이란 하나님의 지혜 곧 십자가 복음을 말합니다. 복음이 중요한 이유는 십자가 복음만이 인간을 구원할 수 있고, 인간을 변화시키기 때문입니다. 요즈음 많은 신앙인들 중에 십자가를 부인하는 현상들이 생깁니다. 종교개혁자 마르틴 루터는 자신의 신학을 '십자가의 신학'이라고 말했습니다. 이것은 십자가가 그의 전부이기 때문입니다. 종교의 가장 큰 위험은 혼합주의에 있습니다. 혼합주의는 상대주의에서 나온 것이요, 상대주의는 인본주의입니다. 인본주의는 기독교를 파괴시키며 무력화시킵니다. 예수 그리스도의 복음은 절대적입니다. 오직 십자가 복음 신앙만을 지키고 나가야 합니다.

2. 겸손하신 그리스도의 인격을 닮아가는 것입니다.

바울은 고린도 교인들이 진정한 그리스도인의 인격을 갖추기를 원했습니다. 바울은 철저히 온유하고 겸손하신 그리스도의 인격을 닮기를 원했습니다. 바울 원래 이름 사울은 큰 자라는 뜻이며, 로마 시민권자였습니다. 그러나 그가 주님을 만나고 나서 자신은 아무것도 아니요 자신이 죄인 중에 죄인임을 알았습니다. 그래서 이름을 작은 자란 뜻의 바울로 바꾸었습니다. 그는 고백하기를 나는 사도 중에 지극히 작은 자라 내가 하나님의 교회를 핍박하였으므로 사도라 칭함을 받기에 감당치 못할 자라고 하였습니다. 이것이 주님을 만나고 신앙 안에 사는 사람의 모습이고 자세입니다. 예수님을 모신 사람은 겸손할 수 밖에 없습니다. 예수님이 온유하시고 겸손하시기 때문입니다. 신앙이 익으면 익을수록, 하나님을 믿으면 믿을수록 나타나는 증거가 겸손입니다. 엔드류 머레이는 겸손이란 책에서 "가장 겸손한 자가 가장 하나님과 가까운 자다"라고 했습니다. 겸손은 바로 예수 그리스도의 성품입니다.

3. 그리스도를 위해 고난 받는 것입니다.

사도 바울은 복음을 전하는 일 때문에 감옥에 갇힌 일도 많았습니다. 그러나 그는 어떤 고통, 어떤 환난과 핍박 속에서도 주님께서 자기에게 주신 사명을 다했습니다. 바울은 핍박도 고난도 기뻐했습니다. 사도 바울은 골로새서 1:24에서 고백합니다. "내가 이제 너희를 위하여 받는 괴로움을 기뻐하고 그리스도의 남은 고난을 그의 몸 된 교회를 위하여 내 육체에 채우노라" 사도 바울은 신앙생활을 하며 복음을 전하다 어떤 고난, 시련이 있어도 그의 믿음이 변함이 없고 그리스도를 향한 뜨거운 사랑이 변함이 없었습니다.

예수님은 마지막 때에 내가 믿음을 보겠느냐 말씀하셨습니다. 참된 신앙인이 어디 있는지 찾으신다는 것입니다. 바울처럼 나를 본받으라고 말할 수 있는 참된 그리스도의 제자들 되시기를 바랍니다.

▶ **학습문제**

(1) 진정한 그리스도의 제자가 되기 위해서 필요한 것은 무엇입니까?
　　답: 예수 그리스도의 십자가 복음을 전하는 일꾼의 정체성을 가져야 합니다.
(2) 예수 그리스도를 따르는 제자가 되기 위한 조건이 무엇입니까?
　　답: 겸손하신 예수 그리스도를 닮아가고 그리스도를 위해 받는 고난을 기뻐해야 합니다.

🌿 기도

하나님 아버지. 주님이 오심이 매우 가까운 이 시대에 믿음을 지키고 그리스도의 제자로 살아가게 하소서. 예수님 이름으로 기도드립니다. 아멘.

🌿 중보기도

(1) 세상의 유혹과 시험에 빠지지 않고 십자가 복음을 증거하는 제자가 되게 하소서.
(2) 그리스도 예수의 성품을 닮아가는 제자가 가득한 교회가 되게 하소서.

▶ 만남의 준비

요한복음 13:12-17을 읽고 진정한 제자의 조건을 묵상해봅시다.

23. 진정한 제자의 조건

> 성경 : 요한복음13:12-17(암송요절 14절)
> 찬송 : 461장(통519장), 299장(통418장)
> 주제 : 예수님의 제자 되어 예수님의 성품과 삶을 본받는 자가
>   되어야 합니다.

 두 종류의 믿음이 있습니다. 예수님을 구주로 믿고 하나님의 자녀가 되는 권세를 얻는 믿음과 생활 속에서 열매를 맺고 성품으로 나타나는 믿음입니다. 참된 믿음의 사람은 예수님처럼 살아갑니다. 모든 그리스도인은 예수님과 동행하며 예수님처럼 살고 예수님을 본받는 제자로 부르심을 받았습니다. 예수님은 십자가에 달려 돌아가시기 전날 밤 제자들의 발을 씻겨 주시면서 모범을 보여주셨습니다.

1. 그리스도의 제자는 예수님의 발 씻기시는 사랑의 행위를 본받아야 합니다.

 진정한 사랑은 몸으로 행동으로 나타납니다. 말로 하는 사랑이 겉으로 하는 사랑이라면 행동은 마음의 사랑이 겉으로 나타나는 사랑입니다. 이런 사랑의 행함이 우리의 마음에 감동과 변화를 줍니다. 기독

교의 복음은 하나님이 세상을 이처럼 사랑하사 독생자를 주셨다는 것입니다. 그리스도인은 예수님의 사랑의 복음을 전하고 사람들을 도와주며 구원해야 합니다.

앤소니 디멜로란 사람이 하루는 굶주린 아이가 추위에 떨고 있는 것을 보았습니다. 그는 화난 표정을 지으며 하늘을 향해 외쳤습니다. "하나님 어떻게 저런 고통을 허락하실 수 있나요?" 장시간 침묵이 흐른 후 디멜로는 놀랍게도 하나님의 음성을 들었습니다. "분명히 나는 그 대책을 만들었다. 내가 너를 만들지 않았느냐?" 우리는 사람들을 사랑하며 돕고 구원하기 위해 부름을 받았습니다. 그리스도의 제자는 예수님처럼 이웃을 사랑해야 합니다.

2. 그리스도의 제자는 예수님의 발 씻기시는 용서를 본받아야 합니다.

주님께서 베드로의 발을 씻기시려고 하자 베드로는 완강하게 거부했습니다. 예수님은 내가 너를 씻어주지 않으면 네가 나와 상관이 없다고 말씀하셨습니다. 제자들의 발을 씻는 행동에는 더러운 것을 씻어 주시는 죄 사함의 의미가 있었습니다. 최고의 사랑은 허물을 덮어주고 죄를 씻어 줍니다. 주님을 통해 씻김을 받았으면 이제 우리는 서로 발을 씻기는 자로 살아야 합니다. 하나님의 용서의 사랑은 우리의 인생관을 바꾸고 세계관을 바꿉니다.

예수님은 "내가 주와 선생이 되어 너희 발을 씻겼으니 너희도 서로 발을 씻기는 것이 옳다"고 말씀하셨습니다. 이것은 교회가 서로 할 일이 무엇이며 그리스도인이 어떻게 살아야 할 것인가를 밝히는 말씀입니다. 프랑수아 페넬롱은 우리의 신앙은 우리가 우리 자신에 대해 어떻게 말하느냐가 아니라 남을 어떻게 대하느냐에 있다고 말했습니다. 겸손하게 이웃을 용서하며 서로 발을 씻기는 일은 제자도의 핵심입니다.

3. 그리스도의 제자는 예수님의 섬김의 삶을 본받아야 합니다.

　예수님의 삶은 시작부터 마지막까지 섬기는 삶이었습니다. "인자가 온 것은 섬김을 받으려 함이 아니라 도리어 섬기려 하고 자기 목숨을 많은 사람의 대속물로 주려 함이니라"(막 10:45). 제자들의 발을 씻기는 행동은 겸손과 섬김의 의미를 지니고 있었습니다. 예수님은 겸손한 모습으로 우리들을 섬기기를 원하셨습니다. 우리도 예수님의 제자가 되어 섬길 때 우리는 예수님을 닮게 되고 마음 깊은 곳에서 흘러나오는 진정한 기쁨을 배우게 됩니다.

　중세시대에 수도원에 브라더 로렌스란 사람이 있었습니다. 수도사이지만 부엌에서 15년 동안 접시를 닦았습니다. 역사가들은 그의 얼굴에서 광채가 났는데 그의 모습은 마치 성찬을 집례(執禮)하는 사람의 모습과 같았다고 합니다. 예수님은 우리 중에 함께 하시며 우리 가운데 섬기는 자로 임하여 계십니다. 오늘의 그리스도인은 항상 예수님을 바라보며 예수님처럼 섬기며 사는 삶의 순간순간마다 주님의 임재를 뜨겁게 경험하는 제자들이 되어야 합니다.

▶ 학습문제

(1) 그리스도의 제자가 본받아야 할 예수님의 모습은 어떤 것입니까?

　답: 제자들의 발을 씻기시는 사랑과 용서의 삶을 본받아야 합니다.

(2) 겸손하신 예수님의 삶을 보여주는 모습은 어떤 것입니까?

　답: 친히 제자들의 발을 씻겨주시고 십자가를 지신 섬김의 행위입니다.

✽ 기도

하나님 아버지. 예수님을 믿고 구원받았음으로 만족하지 않고 예수님을 닮아가는 제자가 되게 하여 주소서. 친히 제자들의 발을 씻기신 예수님처럼 겸손하게 섬기며 사랑하며 용서하는 삶을 살게 하여 주소서. 예수님 이름으로 기도드립니다. 아멘.

✽ 중보기도

(1) 오늘 한국교회 성도들이 예수님의 인격과 모습을 닮아가게 하소서.

(2) 모든 성도들이 예수님의 제자로서 세상에서 인정받는 삶을 살게 하소서.

▶ 만남의 준비

에베소서 4:11-15을 읽고 예수님을 향한 온전한 삶을 묵상해봅시다.

24. 예수님을 향한 온전한 삶

> 성경 : 에베소서 4:11-15(암송요절 13절)
> 찬송 : 436장(통493장), 453장(통506장)
> 주제 : 주의 제자는 하나님을 온전히 알고 믿음 안에서 성장해
>   가야 합니다.

"팬인가, 제자인가"의 저자 카일 아들먼 목사는 설교 때마다 제자의 길을 최대한 매력적이고 편안하고 편리한 길로 포장하려고 애썼습니다. 그러나 그것은 잘못된 해석이었다는 것을 깨닫고 이 책을 쓰게 되었습니다. 이제 카일 목사는 그리스도인들에게 예수님을 닮아가라고 강조합니다.

1. 주님의 제자로 온전한 삶을 살려면 우리가 먼저 하나님을 아는 자가 되어야 합니다.

사도 바울은 예수님을 따르는 제자인 그리스도인을 향하여 '완전한 자', '온전한 자'라고 표현합니다(12-13절). '온전케 하다'라는 말은 헬라어로 뼈를 제자리에 맞춘다는 의학 용어입니다. 바울은 13절에서 온전한 사람이 되려면 하나님의 아들을 믿는 것과 아는 일에 하나가

되어야 한다고 했습니다. 아는 것 다르고, 믿는 것 다르면 안 됩니다. 그리스도의 제자는 성경을 하나님의 말씀으로 믿고, 그 말씀을 성령의 거룩한 지식으로 받아들입니다. 그 지식은 우리 속에서 점점 온전한 믿음으로 바뀝니다. 우리의 삶의 진정한 변화는 우리를 사랑하시는 하나님을 온전히 알 때 가능합니다. 세상에서 가장 불행한 자는 사랑의 하나님을 모르고 하나님을 받아들이지 못하는 사람입니다. 현대인의 삶의 의미를 불행하고 무의미하게 만드는 세 가지 요소는 굳은 마음과 자기 집착과 무감각입니다. 사랑의 하나님을 온전히 알 때 우리 심령이 되살아나고 제자의 삶을 살게 됩니다.

2. 주님의 제자로 온전한 삶을 살려면 우리는 계속해서 자라가야 합니다.

사도 바울은 그리스도의 장성한 분량이 충만한 데까지 이르라고 말합니다. 온전한 사람이 되는 것은 예수님처럼 거룩하고 온전하고 아름다워지는 것입니다. 다시 말하면 그 인격이 예수님처럼 변하고, 그 삶이 예수님처럼 거룩해지는 것입니다. 예수님의 마음으로 평생을 살았던 헨리 나우웬은 이런 말을 했습니다. "우리들의 영적 생활에 있어서 커다란 도전은 우리 자신이 예수님과 같다고 주장할 수 있어야 한다는 것입니다. 다시 말하면 우리는 지금 세상에 존재하고 있는 예수라고 말할 수 있어야 합니다." 하나님은 우리를 예수님을 닮은 제자가 되게 하기 위해 부르셨습니다. 존 맥스웰은 '사람은 무엇으로 성장하는가'라는 책에서 '오늘의 행동이 미래의 비전이다'라고 하면서 성장과 변화를 위해서는 꾸준히 실천해서 목표를 달성하는 과정이 있어야 한다고 말했습니다. 진정한 믿음과 영적 성장은 장시간에 이루어집니다. 끝없이 성장해 가는 제자의 믿음과 삶은 현재진행형이어야 합니다.

3. 주님의 제자의 온전한 삶은 언제나 참된 것을 행하는 삶입니다.

주님의 제자의 삶이란 예수님처럼 겸손하고 사랑으로 섬기며 자신을 남을 위해 주며 바치는 참된 삶입니다(15절). 그리스도의 제자는 주님이 보여주셨던 것처럼 받기보다 사랑 안에서 주는 참된 삶에서 기쁨과 보람을 느낍니다. 축구 선수 이영표 씨는 어릴 때 축구에 빠진 이유가 드리블 때문이었습니다. 그러나 그가 개인적인 욕심에 빠져 공을 오래 소유할수록 동료들이 기다리다 지쳐가는 것은 몰랐습니다. 시간이 지나고 축구를 점점 더 알아 갈수록 축구의 기쁨은 혼자 즐기는 드리블이 아니라 함께 즐기는 곧 나눔이라는 사실을 깨닫게 되었습니다. 그리고 이 선수는 하나님께 채워 주시면 나누겠다고 기도를 했는데, 먼저 나누기 시작하니 하나님이 채우기 시작하심을 경험했습니다. 이 선수는 소유에 집착하고 드리블만 했던 나에게 하나님은 패스가 곧 소유요 행복이라는 사실을 알려 주셨다고 고백합니다.

▶ 학습문제

(1) 온전한 신앙인이 되기 위해서 필요한 것은 무엇입니까?
    답: 하나님의 아들을 믿는 것과 아는 것에 하나가 되는 것입니다.
(2) 그리스도의 제자로서 온전해지기 위해서는 무엇이 필요합니까?
    답: 사랑 안에서 참된 것을 하여 예수님에게 까지 자라가는 것입니다.

🌿 기도

사랑의 주님. 그리스도의 온전한 제자가 되기 위해 하나님의 아들을 믿는 것과 아는 일에 하나가 되게 하소서. 그리스도의 장성한 분량이 충만한 데 이르는 제자의 길을 걷게 하시고 오직 사랑으로 참된 삶을 살아가게 하소서. 예수님 이름으로 기도드립니다. 아멘.

🌿 중보기도

(1) 성도들의 신앙의 목표가 그리스도의 장성한 분량에 이르는 제자가 되게 하소서.
(2) 오늘 한국 교회가 사랑으로 나누며 참된 섬김으로 세상의 빛과 소금이 되게 하소서.

▶ 만남의 준비

사도행전 6:1-11을 읽고 예수 그리스도의 증인에 대해 묵상해봅시다.

25. 예수 그리스도의 증인

> 성경 : 사도행전 1장 6-11(암송요절 8절)
> 찬송 : 438장(통495장), 440장(통497장)
> 주제 : 그리스도의 제자는 언제나 성령 충만하여 예수님을 증언합니다.

그리스도의 제자는 주님의 부르심을 받고 부르심의 목적을 따라 사는 사람입니다. 그리스도인이 때때로 낙심하고 만족이 없는 것은 목적이 분명하지 않기 때문입니다. 일본의 우찌무라 간조는 이렇게 말했습니다. "실패는 죄가 아니다. 목적이 잘못된 것이 죄다." 그리스도인의 삶의 목적은 그리스도를 따르며 그리스도의 증인이 되는 것입니다.

1. 예수 제자는 예수님을 중심에 모신 삶을 살아야합니다.

예수님은 제자들을 부르시며 '나를 따르라'고 말씀하셨습니다. 오늘의 그리스도인이 제자가 되려면 주님의 음성을 듣고 그의 부르심에 바르게 응답하는지 확인해야 합니다. 제자는 자기가 사랑하는 모든 것을 내려놓고 주님만 따르며 주님의 말씀대로 행하며 살 때 비로소 진정한 제자가 되며 그리스도의 증인이 됩니다. '증인' '증거'라고 하는 말은 헬라어로 '마르투리아'라고 말합니다. 이 단어의 의미에는 순교라는 뜻이 포함되어 있습니다. 즉 예수님의 증인이 되려면 순교자가 되어야 하고, 순교의 각오를 할 때 증인이 될 수 있습니다. 그러나 증인이 된다는 것은 순교하는 상황 속에서만 이루어지는 것은 아닙니다. 주님은 우리의 일상적인 일, 너무 작아서 보이지 않는 일 가운데서도 주님께 순종하기를 원하십니다. 사람들이 알아주지 않는 자리에서도 평범한 일로 주님의 일을 할 마음이 있는지를 확인해 보아야 합니다. 우리 삶의 매순간 마다 주님을 따르고 주님의 증인이 되어야 합니다.

2. 제자는 예수님의 영을 충만하게 받아야 합니다.

사도행전 1:8에 의하면 "오직 성령이 너희에게 임하시면 너희가 권능을 받고 예루살렘과 온 유대와 사마리아와 땅 끝까지 이르러 내 증인이 되리라" 하였습니다. 생명을 건 증인이 되기 위해서는 성령의 기름 부으심을 받고 능력을 받아야 합니다. 이렇게 성령의 능력을 받고 증인되는 사람만이 진정한 그리스도인 즉 제자가 될 수 있습니다. 베드로가 담대하게 예수님을 증거 하게 된 것은 오순절 성령의 세례를 경험하고 나서였습니다. 오늘도 우리가 성령의 충만을 받기 전에는 부활하신 예수님의 참 신앙을 가질 수 없습니다. 오직 성령 충만함을 받을 때에만 참된 부활 신앙을 가지게 되고 복음의 증인이 되어 그리스도인으로서의 새로운 삶을 시작하게 됩니다. 우리가 항상 기도하며 성령으로 충만할 때 하나님의 말씀이 믿어지며 예수님이 나의 주님이시며, 길과 진리와 생명이시며 구원이심을 증거(證據)하는 능력 있는 예수님의 제자가 됩니다.

3. 제자는 예수님의 재림을 소망하며 증인의 삶을 살아야 합니다.

예수님의 제자들은 재림하실 예수님을 기대하며 예루살렘과 유대와 사마리아와 땅 끝까지 이르러 복음의 증인이 되었습니다. 그리스도인은 하나님 앞에서 오직 땅 끝까지 이르러 전도와 증인의 사명을 다하는 제자가 되어야 합니다. 캐나다 임현수목사님은 150번이나 북한을 방문하여 많이 돕고 사역하던 중 체포되어 사형을 언도받고 949일 동안 억류되었다가 풀려났습니다. 그러나 목사님은 북한 감옥에서 2년 반 동안 기도하면서 북한을 위한 기도와 사랑을 몸으로 배웠습니다. 그러면서 오직 '사랑이 답'이므로 어떤 경우에도 예수 혁명, 복음 혁명, 성령 혁명, 사랑 혁명의 메시지를 전하자고 하였습니다. 사람들은 '어떻게 해야 이 짧은 인생을 값있게, 보람 있게, 낭비하지 않고 살 수 있을까? 어떻게 사는 것이 가장 완벽한 인생일까?' 끝없이 질문합니다. 예수님의 영으로 충만하여 그리스도를 증거하는 자로 살아갑시다.

▶ 학습문제

(1) 그리스도의 제자로 부르심을 받은 목적은 무엇입니까?
　　답: 예수 그리스도를 따르며 땅 끝까지 이르러 복음의 증인이 되는 것입니다.

(2) 그리스도의 증인이 되기 위해 가져야 할 준비는 무엇입니까?
　　답: 예수 그리스도를 주로 모시고 순종하며 성령으로 충만해야 합니다.

기도

어떤 상황 속에서도 예수 그리스도의 복음을 전하는 증인이 되게 하소서. 어둠 속에 빛을 비추며 사망의 세상을 향해 생명의 복음을 전하게 하소서. 예수님 이름으로 기도드립니다. 아멘.

중보기도

(1) 한국 교회가 성령의 능력으로 충만하여 증인의 사명을 감당하는 부흥을 주소서.
(2) 북한이 온전히 회개하여 하나님께 돌아오며 교회가 세워지며 부흥이 일어나게 하소서.

▶ 만남의 준비

마가복음 10:35-45을 읽고 예수께서 이 땅에 오신 이유를 묵상해봅시다.

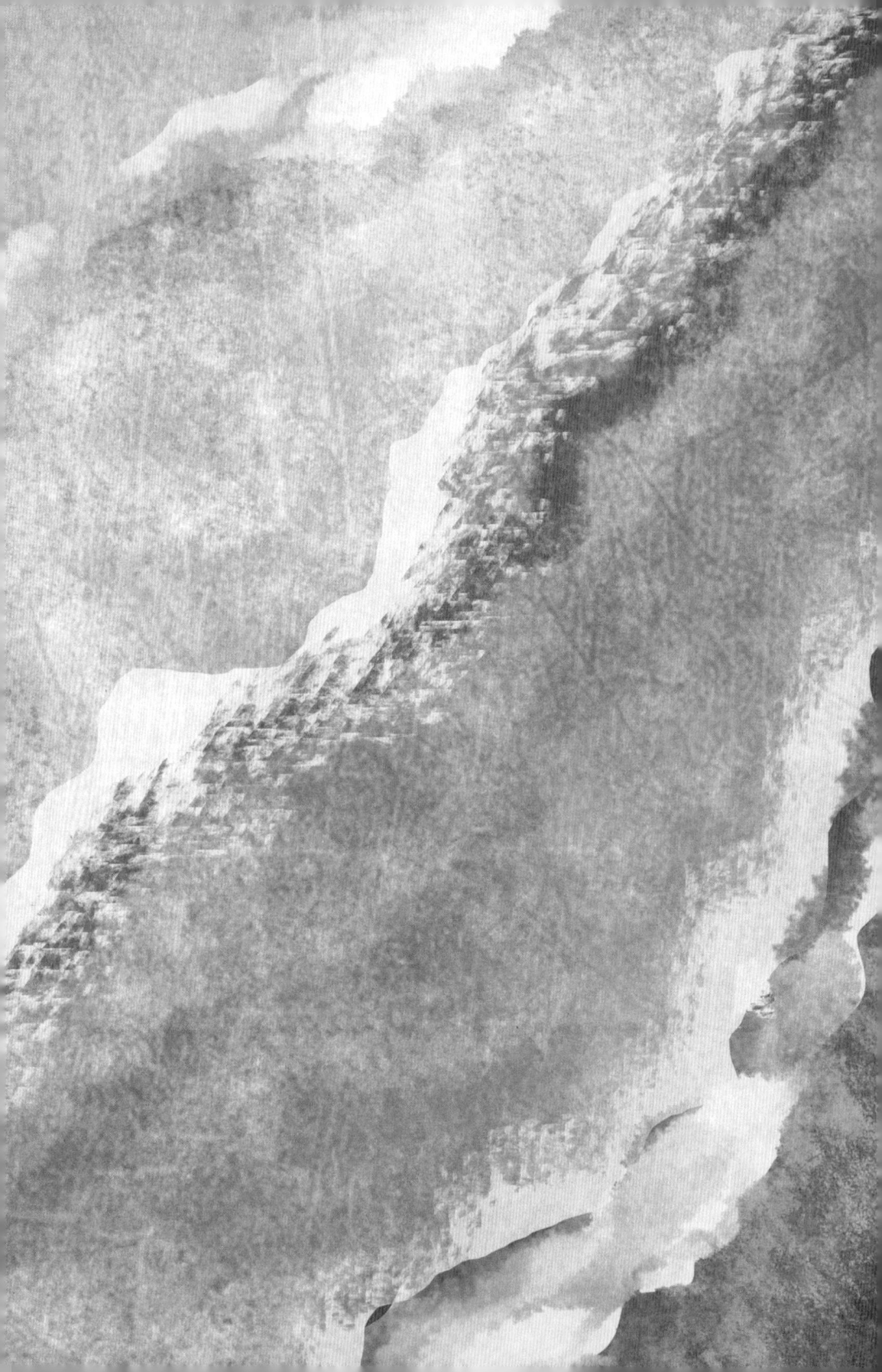

PART 04

김병삼 목사 편

7월
교회가 참 교회가 되는 달

26. 본질을 향한 변화(막 10:35-45)
27. 예수가 해답인 교회(마 16:13-20)
28. 소명, 부르심의 이유(고전 9:16-23)
29. 하나 되어 흩어지는 교회(고전 12:12-26)
30. 건물을 벗어나는 교회(행 4:23-35)

8월
복음의 능력을 경험하는 공동체의 달

31. 복음의 정체성을 가진 공동체(행 2:37-47)
32. 삶으로 예배하는 공동체(롬 12:1-13)
33. 복음의 진정성을 가진 공동체(요 3:22-30)
34. 사랑과 헌신으로 부름 받은 공동체(벧전 2:1-10)

26. 본질을 향한 변화

> 성경 : 마가복음 10:35-45(암송요절44절)
> 찬송 : 208장(통246장), 210장(통245장)
> 주제 : 교회는 급진적이면서도 근본적인 변화, 즉 교회의 본질로 되돌아가려는 변화를 추구해야 합니다.

많은 종교가 인간의 노력으로 신에게 다가갈 수 있다고 말하지만 성경은 하늘에 계신 하나님께서 우리에게 오셨다고 분명하게 선포합니다. 지고의 신이 스스로 낮은 자가 되어 오셨습니다. 이것이 다른 종교와 근본적으로 다른 점입니다.

1. 어떤 변화가 필요합니까?

예수님은 크고자 하는 자는 섬기는 자가 되어야 하고, 으뜸이 되고자 하는 자는 종이 되어야 한다고 말씀하셨습니다(43-45절). 교회가 힘을 가지는 순간 복음의 효과도, 말씀의 능력도 사라집니다. 그렇기에 교회가 세상 기준에 물들어 가고 있지는 않은지, 십자가만을 자랑하며 복음의 능력을 드러내고 있는지를 점검해 보아야 합니다.

사도행전 3장을 보면 베드로와 요한이 성전 미문에서 구걸하는 앉

은뱅이를 고친 유명한 사건이 나옵니다. 베드로와 요한은 돈은 주지 못했지만 성령 체험을 한 후에 그들이 확실하게 가지고 있는 것을 그에게 주었습니다. 바로 나사렛 예수의 이름이었습니다. 복음 하나로 충분한 기독교의 진리, 즉 예수 그리스도의 이름만을 통해 하나님의 통치가 임한다는 믿음으로 기적을 일으켰습니다. 이것은 하나님의 능력은 소유에 있지 않다는 것을 증명하는 사건이었습니다.

원초적 신앙으로 돌아간다는 것은 무엇보다도 예수의 이름이 곧 하나님의 능력이라는 사실을 선포하는 것입니다. 역설적이게도 하나님의 능력이 발휘되는 곳은 인간적인 노력이 불가능한 곳, 즉 가난해지는 곳입니다. 이 변화는 우리의 상식과 논리가 뒤집히는 변화입니다.

2. 변화를 위해 필요한 것들은 무엇입니까?

첫 번째, 가치기준이 바뀌어야 합니다. 신앙고백과 일치하는 삶을 살아야 합니다. 교회가 신뢰를 잃어버린 것은 우리가 고백하는 신앙에 걸맞는 행위를 보여주지 못했기 때문입니다. 믿음이 중요하지만 그보다 더 중요한 것은 우리가 믿는 그 믿음으로 무엇을 하느냐 입니다. 또한 예배당 안에 몇 명이 모여서 예배하느냐가 아니라 세상 속에 흩어져 들어간 그리스도인이 얼마나 되는지에 관심을 쏟아야 합니다.

두 번째, 듣기 좋은 설교에서 바른 설교로 변화되어야 합니다. 적지 않은 교회와 목회자들이 설교할 때 듣기 좋은 말을 사용합니다. 신앙에 따르는 특권은 이야기하지만, 그 대가는 말하기를 꺼려합니다. 그렇기에 성도들의 삶과 부딪히는 내용에 대해 강력하게 이야기하지 못합니다. 예수님은 "하나님의 나라가 가까이 왔으니 회개하고 복음을 믿으라"(막 1:15)고 단도직입적으로 말씀하셨습니다. 예수님의 설교는 간결하지만 아주 강력한 권고였습니다. 교회에서 선포되는 말씀이 세속적인 가치관에 희석되어서는 안 됩니다. 하나님의 나라가 여기 있으므로 바로 지금 삶의 방식을 돌이켜야 한다는 메시지가 가감 없이 선포되어야 합니다.

세 번째, 본질적이지 않은 제도에 얽매이지 말아야 합니다. 오늘날 많은 교회들이 사명 때문이 아니라, 자신이 속한 제도를 유지하려 애쓰고 있다면 뭔가 크게 잘못되고 있는 것입니다. 이제는 어디 소속, 어느 교단, 제도 등에 분주하게 마음을 뺏기는 것이 아니라 교회의 본질적인 사명에 집중해야 합니다. 오직 그리스도만 의지하면 우리의 가치와 인식이 뒤집히는 놀라운 변화가 일어납니다. 이 변화는 개인 뿐 아니라 교회도 동일하게 겪어야 합니다. 우리 교회는 어떤 변화의 노력을 하고 있습니까? 우리에게 필요한 변화는 오직 복음으로 돌아가는 것뿐입니다.

▶ **학습문제**

(1) **야고보와 요한은 올바른 능력을 구하고 있습니까?(37)**
   답: 물질과 명예, 자기의 안위를 구하고 있다면 그것은 신앙인의 올바른 태도가 아닙니다.

(2) **변화를 위해서 어떤 노력을 해야 합니까?(43-45)**
   답: 예수님처럼, 섬기고 낮아지려는 용기가 필요합니다.

기도

하나님 아버지, 교회의 사명을 다하지 못한 우리를 용서하시고 오직 십자가의 복음만 의지하게 하여 주옵소서. 예수님 이름으로 기도드립니다. 아멘.

중보기도

(1) 우리 구역과 교회가 복음의 본질을 회복하는 교회가 되게 하소서.
(2) 한국교회가 본질을 회복하여, 이 땅에 하나님 나라가 선포되게 하소서.

▶ 만남의 준비

마태복음 16:13-20을 읽고 예수님이 중심이 되는 교회에 대해 묵상해 봅시다.

27. 예수가 해답인 교회

> 성경 : 마태복음 16:13-20(암송요절 16절)
> 찬송 : 211장(통346장), 209장(통247장)
> 주제 : 교회의 존재 이유는 예수 그리스도입니다.

 마치 어두운 바다에서 등대를 바라보는 배처럼, 교회는 머리 되신 예수님을 바라보아야 하고 예수님만을 기준으로 삼아야합니다. 교회는 예수님의 심장을 품은 모임이고, 예수님의 보혈이 흐르는 모임입니다. 교회의 본질에 관해 말할 때는 오직 '예수님'만을 중심에 두어야 합니다.

1. 존재의 이유를 생각하라

 인간의 학명은 '호모 사피엔스', 즉 '생각하는 인간'이라는 뜻입니다. 인간은 생각할 수 있기에 자기의 존재를 발견할 수 있습니다. 마찬가지로 이러한 인간들이 모인 교회 역시 살아있는 유기체로서 스스로 생각할 수 있어야 합니다.
 마태복음 16장의 배경에는 예수께서 베푸신 기적들을 보고 몰려든 많은 사람들이 있었습니다. 그 사람들을 보면서 예수님은 제자들에게 "바리새인과 사두개인들의 누룩을 주의하라"(6절)고 말씀하십니다. 예수님은 바리새인과 사두개인들이 기적을 요구하며 말씀이 아닌 욕망을 추구하는, 마치 누룩에 의해 부풀려진 모습을 보였음을 지적하셨습니다. 예수님에게 중요한 것은 사람들이 많이 모이는 것이 아니라 그들이 모이는 이유입니다. 예수님은 사람들을 긍휼히 여기시며 그들에게 자신이 그리스도이심을 선포하시려 기적을 베푸셨지만 기적 자체가 예수님 사역의 목적은 아니었습니다. 베드로의 신앙고백과 교회를 세우신다는 예수님의 말씀은 이 지점에 위치합니다. 예수님은 사역과 교회의 본질을 흐리는 누룩을 주의하기를, 그리고 교회의 존재 목적이 무엇인지 집중하기를 원하셨습니다.

2. 옳은 질문을 던져라

생각과 질문은 매우 밀접한 관계가 있습니다. 좋은 질문은 사유를 자극하여 답을 찾아가는 과정에서의 통찰력을 줍니다. 예수님은 탁월한 질문을 통해 본질로 이끄셨습니다. 마태복음 16장에서 빌립보 가이사랴에 이르러 예수님은 제자들에게 "사람들이 인자를 누구라 하느냐"고 물으십니다. 이에 제자들은 "더러는 세례 요한, 더러는 엘리야, 어떤 이는 예레미야나 선지자 중 하나라 하나이다."(14절)라고 대답합니다. 그 누구보다 위대한 기적을 베푸셨던 예수님을 선지자들과 같이 여겼던 제자들의 대답은 오늘날 많은 사람들이 좋은 교회, 좋은 목사를 찾아다니는 모습과 비슷해 보입니다. 사람들은 신유와 기적이 일어나는, 독설로 마음을 시원하게 하는, 삶이 매력적인, 혹은 메시지가 탁월한 교회와 목사를 선택합니다.

또한 교회에는 많은 분열과 분쟁도 있습니다. 수많은 교회가 찢어지고 분열하며 교회의 숫자만 늘어갑니다. 이런 분쟁에는 타협이 없습니다. 모두가 자기의 생각을 하나님의 뜻이라고 우기기 때문입니다. 생각해보면 우리가 얼마나 하나님을 빙자해서 사람 중심적으로 많은 잘못을 범하며 살아가고 있는지 모릅니다. 이런 교회를 향해 예수님은 이렇게 질문하십니다. "너희는 왜 나를 믿으며 왜 이 교회에 있느냐?"

누가 우리 교회의 머리인가? 그 답이 예수가 아니라면 그곳은 교회가 아닙니다. 예수가 해답이 되는 교회, 예수 공동체가 되어 예수를 믿는 사람 뿐 아니라 예수를 모르는 이들도 교회를 통해 세상 어디서도 보지 못했던 희망을 볼 수 있게 하는 교회를 꿈꾸어야 합니다. 세상을 향해 문을 활짝 열고 가능한 많은 이들이 예수만이 답이 되는 교회를 맛보게 해야 합니다. 예수가 중심이 되는 교회, 날마다 마주하는 문제들의 해답이 예수 그리스도에게 있다는 소망을 보여주는 교회가 되어야 합니다.

▶ **학습문제**

(1) 예수님이 누구신지에 대한 사람들의 대답과 베드로의 대답의 차이점은 무엇인가요?(13-16)
　　답: 예수님은 단지 능력 있는 선지자가 아니라 살아계신 하나님의 아들이십니다.

(2) 예수님이 교회를 세우신 목적은 무엇인가요?(18)
　　답: 예수님을 주님으로 인정하는 고백 위에 교회를 세우셔서 하나님 나라를 이루시기 위함입니다.

기도

하나님 아버지, 예수 그리스도만이 중심이 되시며 존재의 근거가 되는 교회를 소망합니다. 날마다 우리를 깨우치셔서 예수님의 소망을 전하는 교회로 이루어가소서. 예수님 이름으로 기도드립니다. 아멘.

중보기도

(1) 우리 교회가 예수 그리스도를 삶의 주인으로 인정하고 고백하게 하소서.
(2) 주인 되신 그리스도의 은혜와 사랑이 우리를 통해 선한 능력을 발휘하도록 도우소서.

▶ 만남의 준비

고린도전서 9:16-23을 읽고 복음의 소명에 관하여 묵상해봅시다.

28. 소명, 부르심의 이유

> 성경 : 고린도전서 9:16-23 (암송요절 23절)
> 찬송 : 212장(통347장), 213장(통348장)
> 주제 : 하나님께서 우리를, 교회를 낮아지고 헌신하는 복음의
>   자리로 부르십니다.

1. 좁은 우리 신드롬

 교회는 부르심의 이유에 대해 착각에 빠져서는 안 됩니다. 오늘날 교회가 바리새인들처럼 착각하고 있는 것은 바로 잘못된 선민의식입니다. 이를 '좁은 우리 신드롬'이라고 이름 붙이고 싶습니다. 여기서 말하는 '우리'는 어떤 범위를 말하는 것일까요? 예수님은 세리와 창녀, 병자들을 위해 이 땅에 오셨다고 말씀하셨습니다. 예수님에겐 그들 모두가 '우리'였던 것입니다. 그런데 바리새인과 같이 착각에 빠져 있는 이들 때문에 예수님은 성전을 나오셔야 했습니다. 예수님은 주로 성전 밖에서 활동하셨습니다. 철저하게 소외된 약자들과 만나기 위해서입니다. 예수님은 하나님이 성전에 머무시는 분이 아니라 그 말씀이 행해지는 곳에 계시는 분임을 선포하신 것입니다.
 예수님이 성전을 나가 말씀을 전하신 것처럼, 이제 교회 안의 말씀이 건물을 벗어나야 합니다. 교회는 세상을 거부하며 안에서부터 담

을 쌓아올리기 위해 존재하는 곳이 아닙니다. 교회는 불신자들을 향해 "함께 예배합시다"라고 손을 내밀기 위해 존재해야 합니다.

2. 진리와 은혜의 공존

부르심의 이유가 분명한 교회가 되려면 예수님이 이 땅에 오신 목적에 부합하도록 은혜와 진리가 충만하게 섞여 있어야 합니다. 요한복음 1:14은 "말씀이 육신이 되어 우리 가운데 거하시매 우리가 그의 영광을 보니 아버지의 독생자의 영광이요 은혜와 진리가 충만하더라"라고 증거(證據)합니다. 이 말씀은 예수님이 이 땅에 오신 목적이 진리만을 수호하거나 은혜만을 주기 위해서가 아니라, 양쪽을 모두 충만하게 하기 위해서 라고 선언하고 있습니다.

부르심의 이유가 분명한 교회가 되려면 예수님이 이 땅에 오신 목적과 같이 은혜와 진리가 충만하게 공존해야 합니다. 예수님은 법을 만들기 보다는 오히려 정해진 법을 깨부수고, 법을 적용하기 보다는 직접 사람들의 삶 속으로 들어가셨습니다. 예수님은 진리와 은혜가 충만한 삶을 몸소 보여주셨습니다. 교회는 세상과 달라야 합니다. 진리를 선포하면서도 세상 속에 들어가 은혜를 전해야 합니다.

3. 낮아지기 위해

부르심의 이유를 깨달은 교회는 스스로 종이 되어 낮은 자로 세상을 섬겨야 합니다. 하나님이 맡기신 사역을 하는 사람들이 타락하는 가장 큰 이유는 부름 받은 이유를 잊어버리기 때문입니다. 고린도전서 9장에서 사도 바울은 철저히 낮아지겠다는 다짐으로 이러한 타락의 위험을 피할 수 있었습니다. 바울은 자신이 복음을 받아들였기에 죄와 율법에서 자유를 얻었지만 스스로 다른 사람들의 종이 되겠다고 고백합니다. 바울은 한 사람이라도 더 구원 받게 하기 위해 자신이 존재한다는 것을 분명히 알았기에 늘 자신의 생각을 꺾을 준비가 되어 있었습니다. 마찬가지로 자신의 사명을 제대로 감당하려는 교회에 필요한 용기는 자존심을 세우는 것이 아니라 교회의 머리되신 그리스도의 뜻에 헌신하는 것입니다.

세상 사람들은 이해하지 못하여 낭비라고 부르는 헌신의 삶, 스스로 낮아져 예수를 전하는 삶은 하늘에서 빛납니다. 세상 가치는 일시적이지만 참된 헌신의 빛은 하나님 안에 영원히 거할 것입니다.

▶ **학습문제**

(1) 사도 바울에게 있어 복음의 부르심이란 무엇인가요?(19)
   답: 오직 복음을 위해 자유롭지만 스스로 종이 되는 것입니다.
(2) 예수님과 사도 바울이 보여준 복음을 전하는 사람의 자세는 무엇인가요?(20-22)
   답: 복음이 필요한 사람들과 같은 모습, 즉 낮아지고 약한 자리에 가는 것입니다.

🌿 기도

사랑의 하나님, 우리를 부르신 소명을 기억하게 하소서. 예수님처럼 모두를 끌어안고 진리와 은혜를 선포하는 삶, 낮아지고 헌신하는 삶을 살게 하소서. 예수님 이름으로 기도드립니다. 아멘.

🌿 중보기도

(1) 우리 구역, 교회가 주변을 돌보고 모두를 끌어안을 수 있는 공동체가 되게 하소서.
(2) 낮아지고 헌신할 수 있는 용기를 가지게 하옵소서.

▶ 만남의 준비

고린도전서 12:12-26을 읽고 그리스도의 몸과 지체에 대해 묵상해봅시다.

29. 하나 되어 흩어지는 교회

> 성경 : 고린도전서 12:12-26(암송요절 13절)
> 찬송 : 216장(통356장), 218장(통369장)
> 주제 : 하나님은 교회를 그리스도의 하나 된 몸으로 부르셨습니다. 세상의 지체를 향하여 나아가야 합니다.

1. 하나의 지체로 모인 교회

성경에서는 교회를 그리스도의 몸에 비유합니다. 그리스도가 머리가 되신다는 비유는, 몸인 교회가 머리이신 그리스도와 연결되지 못하면 정상적으로 기능할 수 없음을 의미합니다. 그리고 몸은 다양한 기관들이 연결되어 조화롭게 움직이는데, 교회도 다양한 은사를 가진 다양한 사람들이 모여 예수로 인해 하나가 되는 공동체임을 의미합니다. 다양한 지체가 모여야 온전한 몸이 이루어지듯, 다양한 사람들이 모여야 온전한 교회가 세워지는 것입니다. 다양한 사람들이 모인 교회가 건강한 그리스도의 몸이 되려면 서로의 다름을 존중할 수 있어야 합니다(20-23절).

우리는 '교회에 다닌다'는 말을 많이 합니다. 그런데 교회를 하나의 몸으로 본다면, 우리는 교회에 다니는 것이 아닙니다. 어떤 교회에 소속되는 순간 내가 바로 그 교회가 되는 것입니다. 내가 교회라고 생각하면, 함께 교회를 이루는 다른 지체에게 무관심할 수 없습니다. 교회의 정체성이 무엇인지 분명하게 이해하면 다른 지체를 소중히 여기게 됩니다.

2. 지체의 확장

우리는 보통 '공동체'라고 하면 대부분 같은 교회를 출석하는 지체들을 떠올립니다. 그렇지만 하나님은 우리 교회만의 하나님이 아니라 온 세상의 하나님이십니다. 따라서 우리는 이 땅의 모든 교회가 한 지체임을 기억해야 합니다. 단지 우리 교회 사람들만 지체가 아니라 한 분 하나님을 아버지라고 고백하는 모든 그리스도인은 형제요 자매인 것입니다. 우리가 기억해야 하는 것은 하나님이 우리를 공동체로 부르셨다면 그 공동체는 우리가 생각하는 것보다 더 크다는 것입니다(18절). 우리가 그리스도 안에서 아름다운 몸을 이루는 일은 우리 교회뿐 아니라 모든 하나님의 자녀를 향한 하나님의 계획입니다. 전 세계 모든 교회 공동체가 '우리'이고 이 땅의 모든 그리스도인들이 나와 '한 몸'이라는 사실을 기억해야 합니다(13절).

3. 세상이라는 '지체'를 향하다

더 나아가 '지체'라는 말은 교회 안에서만 적용되는 것이 아닙니다. 예수님은 이 땅의 모든 이들이 지체가 되어 그리스도의 몸을 이루길 원하십니다. 예수님은 땅 끝까지 복음이 전해지기 원하셨습니다. 교회의 목적이 모이는 것입니까 아니면 흩어지는 것입니까? 만일 우리가 교회 중심적으로 생각한다면, '모이는 것'에 집중할 수밖에 없습니다. 교회는 분명 모여야 성립될 수 있습니다. 그러나 중요한 것은 '흩어지기 위해' 모인다는 것입니다. 즉, 교회는 복음을 전하러 흩어지기 위해 모이는 공동체라는 것입니다. 그리고 우리가 제대로 흩어지기 위해서는 교회 밖에 있는 많은 사람들도 우리의 지체라는 인식이 필요합니다.

나치에 항거했던 독일의 신학자 본회퍼(D. Bonhoeffer)는 '그리스도가 타자(他者)를 위한 존재이고, 그를 따르는 그리스도인들도 타자를 위한 존재이며, 그리스도인들이 모인 공동체도 타자를 위한 교회'가 되어야 한다고 말했습니다. 만일 교회가 자기 자신을 위해 존재한다면, 교회에 주어진 소명을 다하기 어렵습니다. 교회는 세상을 위해 존재하도록 지음 받고 부름 받았기 때문입니다.

그리스도 안에서 한 지체로 부름 받은 우리는 예수님을 따라 '세상'이라는 지체에게 나아가야 합니다. 세상 곳곳에서 여전히 아파하고 힘들어하는 많은 이들에게 내가 가진 것과 은사를 기꺼이 사용해야 합니다(26절).

▶ 학습문제

(1) 성경은 무엇이 우리를 한 몸으로 부르셨다고 말씀합니까?(13)
  답: 성령으로 세례를 받아 한 몸이 되고 한 성령을 마시게 하셨습니다.
(2) 그리스도의 몸인 우리의 모든 지체는 어떤 공동체입니까?(26)
  답: 함께 고통 받고 함께 영광을 누리며 즐거워하는 그리스도 안에서 하나 된 운명공동체입니다.

기도

하나님 아버지, 성령 안에서 우리를 한 몸으로 부르셨음을 감사드립니다. 모든 지체가 하나님의 영광을 위하여 쓰임 받게 하시고 주님 안에서 함께 기쁨을 누리는 공동체를 이루어가게 하소서. 예수님 이름으로 기도드립니다. 아멘.

중보기도

(1) 같은 지역에 있는 이웃공동체를 위하여 기도합니다.
(2) 분열과 분쟁으로 고통 받는 한국교회를 위하여 기도합니다.

▶ 만남의 준비

사도행전 4:23-35을 읽고 복음의 공동체에 대해 묵상해봅시다.

30. 건물을 벗어나는 교회

> 성경 : 사도행전 4:23-35(암송요절 31절)
> 찬송 : 304장(통404장), 319장
> 주제 : 교회의 사명은 모이는 것이 아니라 담대하게 말씀 들고 나아가는 것입니다.

1. 교회는 건물이 아니다

'교회'라는 단어가 처음 등장한 마태복음 16장에서 예수님이 교회를 세우겠다고 말씀하실 때 사용된 헬라어 단어는 '에클레시아(ecclesia)'입니다. 이 말은 종교적인 의미가 아니라 일반적으로 '공무의 목적으로 소집된 시민들의 모임이나 군사적 목적으로 불려 나온 군인들의 모임'을 의미합니다. 다시 말해 교회는 장소나 건물이 아니라 특별한 목적을 위해 불려 나온 사람들의 모임을 의미한다는 것입니다.

예수님이 세우고자 했던 교회의 방향은 분명했습니다. 그런데 교회의 개념이 회중, 모임에서 건물, 장소로 점점 바뀌기 시작했습니다. 모임을 뜻하는 '에클레시아'에서 공공건물이나 공식 집회장을 뜻하는 '바실리카(basilica)'가 되어갔습니다. 바실리카란 말은 게르만 문화에서 '키리카(kirika)' 그리고 훗날 독일에서 '키르케(kirche)'로 바뀌었고 여기서 영어단어 '처치(church)'가 파생되었습니다. 이러한 과정 속에 유럽이나 미국에서 교회는 장소의 개념으로 이해되었습니다.

우리는 다시금 예수님이 교회를 세우신 목적을 떠올리며 본래의 교회로 돌아가야 합니다. 예수님이 세우시고자 했던 교회의 방향이 분명했음에도 지금의 많은 교회가 건물로서 자신을 규정합니다. 그러나 교회가 건물의 개념에서 벗어날 때 진정한 교회의 본질을 회복하려는 변화가 일어난다는 것을 기억해야 합니다.

2. 매력적인 공동체

교회는 세상의 시선을 끌 수 있는 매력적인 공동체가 되어야 합니다. 초대교회가 매력적인 공동체가 되었던 것은 그들이 나누는 삶을 보여 주었기 때문입니다. 믿는 사람이 한마음이 되어 자신의 소유를 공유하고 나누다 보니 누구 하나 가난한 사람이 없는 공평한 공동체가 되었던 것입니다. 정의가 사라지고 부정과 탐욕이 만연한 세상의 모습을 따르는 것이 아니라, 오히려 자신이 가진 것을 '서로의 필요에 따라' 나누어 주는 모습은 세상이 보기에 충격적이었을 것입니다. 이처럼 성령의 임재가 강력했던 초대교회 공동체는 누가 뭐래도 매력적인 공동체였습니다. 그러므로 이 땅의 교회들은, 세상 사람들이 '교회'라는 말을 들을 때 무의식적으로 영적 중추가 자극을 받아 교회를 향해 발걸음을 돌이킬 수 있는, 그런 매력적인 공동체로 거듭나야 합니다.

주님의 부르심을 받은 예루살렘 공동체가 처음부터 이상적이었던 것은 아니었습니다. 그들은 박해가 무서워 숨죽이며 지냈습니다. 그런데 성령이 임하고 난 뒤 마가의 다락방에 숨어 지내던 이들이 세상 밖으로 뛰쳐나왔습니다. 더는 생존에 매달리는 교회가 아닌 하나님의 비전을 꿈꾸는 공동체가 되었습니다(28절). 자신들이 모이게 된 이유, 존재하는 이유가 바로 복음을 전하는 것임을 깨달았습니다(29-30절).

우리가 다시 회복해야 할 교회의 지향점이 여기에 있습니다. 우리는 생존을 위한 교회가 아니라 하나님의 비전을 위해 흩어지는 공동체가 되어야 합니다. 성령의 일하심을 제대로 경험하는 교회는 건물이나 장소에 한정될 수 없습니다. 우리가 하나님의 다스림을 받아 하나님의 뜻대로 일할 때, 비로소 보이는 외적인 것을 뛰어넘은 교회가 될 수 있습니다. 그 교회는 복음을 가지고 건물을 벗어납니다. 건물을 벗어난 교회는 성령의 능력으로, 삶으로, 목소리로 담대하게 복음을 전합니다. 우리 모두가 이렇게 날마다 성령님의 인도하심을 받는 교회가 되기를 축복합니다.

▶ **학습문제**

(1) 사도들이 말씀을 전함으로 붙잡혔다가 풀려나서 한 일은 무엇인가요? (23-24)
　　답: 모두 모여 한 마음으로 하나님의 뜻을 위해 기도하고 복음을 전했습니다.

(2) 초대교회가 나누는 삶으로 흩어져 복음을 전할 수 있었던 이유는 무엇인가요?(31, 33)
　　답: 성령이 충만하여 큰 은혜와 권능을 받고 담대해졌기 때문입니다.

기도

하나님 아버지, 건물 안에 갇힌 교회가 아니라 복음을 들고 성령 충만하여 세상으로 흩어지는 교회를 꿈꾸게 하소서. 우리 모두가 매일매일 성령의 인도하심으로 살아가게 하옵소서. 예수님 이름으로 기도드립니다. 아멘.

중보기도

(1) 우리 교회의 모든 지체가 성령의 인도하심을 받게 하소서.
(2) 세상 속에서 흔들리지 않고 담대히 말씀을 전하며 그리스도인의 삶을 살도록 도우소서.

▶ 만남의 준비

사도행전 2:37-47을 읽고 교회 공동체의 정체성에 대해 묵상해봅시다.

31. 복음의 정체성을 가진 공동체

> 성경 : 사도행전 2:37-47(암송요절 47절)
> 찬송 : 9장(통 53장), 23장(통 23장)
> 주제 : 교회는 예배 공동체로서의 오직 복음만을 정체성으로 가져야 합니다.

 교회는 그리스도를 구주로 고백하는 사람들의 모임입니다. 그래서 교회를 '공동체'라고 부릅니다. 이 독특한 공동체인 교회의 가장 중요한 사명 중 하나는 바로 예배입니다.

1. 예배는 '드리는' 것이다

 교회라는 공동체를 구성하는 두 핵심 축이 있습니다. 하나는 하나님을 예배하는 공동체, 즉 예배를 통해 하나님을 경험하는 공동체입니다. 또 하나의 축은 교회의 특수성을 살려 지역을 섬기는 지역공동체의 교회가 되는 것입니다. 이 두 축을 교회의 보편성과 특수성이라고 할 수 있습니다. 둘 다 중요하지만 보편성, 즉 하나의 교회라는 의식 없이 교회는 지역을 섬기는 특수성을 발휘할 수 없고 마치 모래알같이 흩어지기만 할 뿐입니다.

신앙생활이나 교회생활을 잘 한다는 것은 모든 예배에 참석하고 교회의 많은 일들에 물질적, 시간적으로 열심히 섬긴다는 의미가 아닙니다. 물론 이러한 헌신과 희생도 칭찬받을 일이지만 우리가 무언가를 해서 하나님을 만족시키려는 유혹에 빠지게 된다면 오히려 하나님과 더 멀어지고 말 것입니다. 평범하지만 하나님을 예배하며 그의 임재를 경험하기 위해 노력하는 것, 그것이 하나님께서 가장 기뻐하시는 일이기 때문입니다. 이것이 바로 교회라는 공동체가 바로 서는 데에 예배로 충분한 이유입니다.

2. 복음, 하나님이 주시는 자존감

성령이 임한 뒤, 초대교회의 교인들은 통찰력이 생겼습니다. 그들은 이전까지 늘 환경을 문제 삼았지만 성령이 임한 후에는 '나'가 문제라는 것을 깨달았습니다(37절). 이제 그들은 문제의 근원을 자신 안에서 찾기 시작하면서 하나님의 섭리와 주권을 인정하고, 낮아지고 순종하는 법을 배우게 되었습니다(38절). 그들은 자신들의 정체성을 확실하게 알게 된 것입니다. 다시 말하면 하나님 안에서 '자존감'을 회복한 것입니다. 하나님이 자신의 삶을 주관하고 계시다는 것을 깨달은 사람은 인생이 다른 사람에 의해 좌우되지 않습니다. 초대교인들은 복음 안에서 자존감을 회복했기에 더 이상 환경을 탓하지 않고 하나님의 역사를 믿고 기대하며 나아갈 수 있었습니다. 핍박과 어려움 속에서도 이미 복음을 발견한 그들은 인간의 예상을 뛰어넘어 하나님이 원하시는 일을 할 수 있었습니다(43-47절). 세상의 기준이 아니라 오직 하나님의 일을 하는, 모두가 복음의 사람이라는 정체성으로 하나가 된 공동체가 바로 초대교회의 모습이었습니다.

복음으로 말미암아 환경이 아니라 나 자신이 변화되었음을 깨닫게 됩니다. 교회다운 교회란 복음 안에서 성령으로 세례를 받고 새로운 삶을 살게 된 사람들이 모인 곳입니다. 이들은 환경이나 자기만족이 아닌, 오직 하나님이 주시는 자존감을 소유한 사람들입니다. 철저히 자신을 부인하고 산 제물이 되겠다며 헌신을 다짐하는 사람들입니다. 하나님의 나라를 확신하기에 이 땅에서 자꾸 움켜쥐려는 욕심을 포기할 줄 아는 정직함이 흘러넘치는 공동체입니다. 초대교회처럼 기쁘고 순전한 마음으로 세상의 필요에 따라 가진 것을 나누는 인격적인 기적, 그러한 기적이 오늘 우리 교회에서도 일어나기를 기대합니다.

▶ 학습문제

(1) 베드로가 회중에게 촉구한 결단과 그로 인한 축복은 무엇인가요?(38)
　답: 회개하여 세례를 받으면 죄 사함을 받고 성령을 선물로 받는다는 것입니다.
(2) 복음의 정체성을 가진 공동체의 모습이 어떠했나요?(46)
　답: 날마다 예배하고, 기쁨과 순전한 마음이 충만한 공동체가 되었습니다.

기도

　사랑의 하나님, 오직 복음만을 붙드는 공동체가 되게 하소서. 생명과 같이 예배를 지키며 복음의 능력으로 하나님의 자존감을 갖는 자녀들이 되게 하옵소서. 예수님 이름으로 기도드립니다. 아멘.

🌿 중보기도

(1) 구역예배에 참여하지 못하는 성도들을 기억하여 주시고 성령으로 인도하소서.
(2) 아직 복음의 능력을 경험하지 못한 이들을 향해 나아가는 교회가 되게 하소서.

▶ 만남의 준비

로마서 12:1-13을 읽고 삶에서의 예배에 대해 묵상해봅시다.

32. 삶으로 예배하는 공동체

성경 : 로마서 12:1-13(암송요절 1절)
찬송 : 34장(통 45장), 38장
주제 : 우리들의 삶이 곧 예배의 장소가 되어야 한다.

1. 삶 속에서의 예배

 오순절 다락방에서 성령을 받은 초대교회 성도들은 하나님 한분만을 찬양하는 진정한 예배자로 거듭났습니다. 이런 교인들에게 성령님은 사도 바울을 통해 이렇게 말씀하십니다. 로마서 12장 1-2절, "그러므로 형제들아 내가 하나님의 모든 자비하심으로 너희를 권하노니 너희 몸을 하나님이 기뻐하시는 거룩한 산 제물로 드리라 이는 너희가 드릴 영적 예배니라 너희는 이 세대를 본받지 말고 오직 마음을 새롭게 함으로 변화를 받아 하나님의 선하시고 기뻐하시고 온전하신 뜻이 무엇인지 분별하도록 하라." 여기서 '너희 몸'을 '너희 삶'으로 바꾸어 보면, 실제로 살아가는 삶의 현장에서도 예배자로서 기쁨과 순전함을 누리게 하시는 하나님의 마음을 알 수 있습니다. 초대교회 공동체는 삶과 예배가 구분되지 않았습니다. 이러한 삶이 가능하게 된 것은 그들에게 복음이 임했기 때문입니다. 예수님이 선포한 복음은 이 땅에 하나님의 나라가 임한다는 것이었습니다. 일상의 삶이 곧 하나님의 나라, 하나님의 통치가 실현된 모습이며, 결국 그러한 삶은 그 자체로 예배여야 합니다. 교회는 참 예배가 회복되고 그 예배를 통해 삶의 예배가 이어지는 공동체가 되어야 합니다.

2. 삶의 예배가 영혼 사랑으로

2016년 호주에서 열린 세계의료선교대회에서 말레이시아의 필립 린(Philip Lyn) 목사의 강의제목이 '9 to 5'였습니다. '9 to 5'는 생체리듬이 가장 활발하게 움직이는 시간으로, 많은 사람들이 일을 하거나 공부를 하는 시간입니다. 그렇기에 그 시간에 가장 강력한 복음의 역사가 일어나야 하며 우리는 하나님이 누구신지 가장 분명하게 전할 수 있는 시간으로 삼아야 한다는 뜻이었습니다. 그리스도인으로서 살아가면서 가장 중요한 선교 현장은 오전 9시부터 오후 5시까지의 시간에 있다는 말입니다. 하나님의 백성으로 살아간다는 것은 교회 안에만 머무는 게 아닙니다. 세상에 하나님 나라가 임하는 하나님의 비전을 이루는 것입니다. 즉 우리는 생활, 일터 가운데 하나님의 꿈을 이루기 위해 살아야 합니다.

하나님은 각자 달란트에 맞는 일을 주시는데, 우리는 일의 선택과 목적을 생각할 때 깊이 성찰할 필요가 있습니다(6-8절). 우리는 자신의 일을 자아실현이나 권력의 도구로 선택하는 것이 아니라 하나님과 이웃을 섬기는 도구로 여겨야 합니다. 그렇기에 교회는 성도들이 일터에서 나아가야 할 방향을 잘 잡아주어야 합니다. 일터를 사역지로 가꾸는 것은 허락하신 일을 탁월하게 해냄으로써 이웃에게 선한 영향을 끼치는 것이며, 그것이 곧 이웃 사랑을 향한 하나님의 뜻임을 깨닫도록 하는 것입니다.

예수님이 이 땅에 오신 이유는 하나님이 세상을 사랑하셨기 때문입니다(요 3:16). 그렇기에 아무리 하나님을 사랑한다고 해도 다른 사람을 사랑하지 않으면 그것은 하나님을 사랑하지 않은 것이 됩니다. 따라서 복음의 능력이 있는 삶이란 자신의 만족을 채우는 것이 아니라 누군가의 삶을 변화시킬 영향력을 발휘하는 것입니다. 영혼을 사랑하게 되면 그 사랑 때문에 필연적으로 그 사람을 용납하게 됩니다. 예수님 주변에 죄인들이 많았던 이유는 예수님이 그들의 죄를 용인하셨기 때문이 아니라, 그들을 사랑으로 용납하셨기 때문입니다. 우리는 예배를 통해 우리를 사랑하셔서 용납해 주신 하나님과 새로운 관계를 맺습니다. 그러므로 삶이 예배가 된다는 것은 그 용납의 관계가 내 일상의 삶에서 계속 이어지는 것을 의미합니다. 그리고 우리가 누군가를 용납할 때 그 사람은 하나님의 용납을 경험할 수 있는 길이 열립니다(9-13절).

교회가 삶이 예배가 되는 공동체로 거듭나려면 영혼을 사랑할 수 있어야만 합니다. 그러기 위해 끝까지 사랑하신 예수님의 사랑을 체험하고 그 사랑으로 영혼을 바라보고 용납하기 위한 훈련을 지속해야 합니다. 그렇게 될 때 이 땅의 교회들이 삶이 예배가 되고 예배가 삶이 된 공동체로 변화될 것입니다.

▶ **학습문제**

(1) 사도 바울이 말하는 영적 예배란 무엇인가요?(1)

    답: 우리 몸, 즉 삶을 하나님이 기뻐하시는 거룩한 산 제사로 드리는 것입니다.

(2) 로마서 12장이 보여주는 그리스도인의 삶의 자세는 무엇인가요?(9-13)
답: 거짓 없이 사랑하고, 선에 속하며, 형제를 존중하고, 부지런히 주를 섬기며, 소망을 즐거워하고, 환난을 인내하며, 기도에 힘쓰고 긍휼을 베푸는 것입니다.

기도

하나님 아버지, 복음의 능력을 경험함으로써 삶을 예배로 드리게 하소서. 우리 삶의 자리가 곧 예배의 자리임을 깨닫게 하셔서 영혼을 사랑하는 공동체가 되게 하여 주옵소서. 예수님 이름으로 기도드립니다. 아멘.

중보기도

(1) 우리 모두가 삶 속에서 주님의 복음을 경험하는 사람들이 되게 하소서.
(2) 삶에서 마주하는 모든 영혼들에게 주님의 마음을 품고 다가가게 하소서.

▶ 만남의 준비

요한복음 3:22-30을 읽고 복음의 진정성에 대해 묵상해봅시다.

33. 복음의 진정성을 가진 공동체

> 성경 : 요한복음 3:22-30(암송요절 30절)
> 찬송 : 94장(통 102장), 449장(통 377장)
> 주제 : 복음에 진정성을 가진 공동체는 나는 죽고, 그리스도만 드러나야 합니다.

1, 진정성을 회복하라

누군가와 관계를 맺을 때 진정성은 신뢰의 바탕이 됩니다. 어떤 사람에게서 진정성이 느껴질 때, 우리는 비로소 그 사람을 신뢰할 수 있습니다. 우리는 성령의 능력으로 복음을 들고 건물로써의 교회를 벗어나 세상으로 나아가야 합니다. 그러기 위해서는 세상이 우리 교회를 신뢰하도록 해야 합니다.

'진정성'이라는 단어에는 사전적으로 '1) 참되고 애틋한 마음을 가지고 있음, 2) 거짓이 없고 참됨'이라는 의미가 있습니다. 이것을 기독교적 관점에 적용해보면, '1) 하나님 앞에 나아가는 인간이 지닌 순수한 사랑, 온전한 헌신, 2) 하나님의 뜻을 정확하게 이해하고 선포하는 과정에서 얻어지는 권위'라고 정리할 수 있습니다. 따라서 교회의 진정성을 드러내기 위해서는 '복음을 향해 참되고 정직하게 애틋한 마음'을 가져야 합니다.

우리가 흔히 '속도보다 방향이 중요하다'라는 말을 많이 씁니다. 누구보다 빠르게 달릴 수 있는 능력이 있다고 해도, 방향을 잘못 잡은 채 달려간다면 전혀 엉뚱한 곳에 도착해버리고 말 것입니다. 교회의 진정성은 교회가 바라보고 향하고 있는 것에서 출발해야 합니다. 교회가 바라보고 향하는 것, 그것은 오직 말씀을 근거로 한 복음이어야 합니다. 만일 복음을 향해 달리지 않고 자꾸만 멈추고 다른 방향을 바라보며 엉뚱한 곳으로 가고 있다면, 교회는 책망을 들을 수밖에 없을 것이고 진정성을 잃을 수밖에 없을 것입니다.

2. 복음을 위해 죽는 교회

성경에 나오는 인물 중 진정성 있는 인물을 한 명 꼽아본다면 '세례 요한'을 거론할 수 있을 것입니다. 우리가 잘 알고 있는 세례 요한의 삶과 사역은 단 한 구절로 정리 될 수 있습니다. "그는 흥하여야 하겠고 나는 쇠하여야 하리라(30절)."

세례 요한은 당대에 나름 유명한 사람이었습니다. 따르는 제자가 많았고 회개하라는 외침에 많은 사람들이 그의 앞에 나와 세례를 받기도 했습니다. 인기와 명성을 얻게 되었을 때 그것을 포기하기란 쉽지 않습니다. 그러나 세례 요한은 자신에게 주어진 역할과 자신이 가야할 삶의 방향을 정확하게 알고 있었습니다. 예수님의 오심이 얼마나 중요하고 큰 사건인지 알고 있었던 세례 요한은 자신이 아무것도 아님을 이야기했습니다(요 1:26-27). 제자들 앞에서 '복음의 주연은 예수이며, 자신은 조연의 사명을 충실히 감당할 뿐'이라고 선언했습니다.

자신이 바라보는 것을 정확히 알고 그를 향해 달려가던 세례 요한의 모습에서 복음을 향한 그의 진정성이 느껴지지 않습니까? 복음 앞에

바른 방향으로 달려가는 세례 요한의 삶을 통해 오늘날 우리 교회가 가져야 할 '진정성'을 생각해봅시다. 세례 요한이 자기 자신을 부인하고 죽이며 예수님을 전하며 사명을 다했던 것처럼, 진정성 있는 교회가 되기 위해서는 먼저 교회가 죽어야 합니다(30절). 나의 자아가 죽고 사명이 살아야 하며 나의 이름은 죽고 예수님의 사랑이 전해져야 합니다. 그럴 때 우리는 세례 요한처럼 기쁨으로 충만해 질 것입니다 (29절).

과연 오늘날 우리의 교회는 무엇에 대해 살아있고 무엇에 대해 죽어있습니까? 우리가 전하고 있는 것은 과연 무엇인지 진지하게 살펴보아야 합니다. 교회의 진정성이 나타나기 위해서는 교회가 하나님 나라를 대표하는 공동체가 되어야 합니다. 하나님 나라를 대표하는 공동체가 되기 위해서는 죽도록 죄와 싸우고 자기 자신을 부인해야 합니다. 그런 후에 사랑에 살고 사명에 살아야 합니다. 교회가 비난을 받는다면, 그것은 우리 안에 사랑과 사명이 없기 때문입니다. 복음의 능력을 경험함으로 인해 우리 안에 사랑과 사명이 뚜렷하게 나타날 때, 우리는 진정한 교회가 될 수 있을 것입니다.

▶ 학습문제

(1) 세례 요한은 예수님을 그리고 자신을 누구라고 생각했나요?(27-28)
　　답: 예수님이 하늘로부터 오는 세례를 베풀어주시는 그리스도이시며, 자신은 단지 앞서 보내심을 받은 자에 불과하다고 생각했습니다.

(2) 세례 요한이 경험한 복음의 진정성은 어떠한 모습이었나요?(29)
　　답: 자신이 복음의 주인이 아님을 인정한 사람은 참 기쁨을 충만하게 누립니다.

기도

하나님 아버지, 오직 예수님과 복음만을 향하여 달려가게 하옵소서. 나와 우리가 주인이 아니라 예수님이 우리의 진정한 주님이심을 잊지 않는 공동체가 되게 하소서. 예수님 이름으로 기도드립니다. 아멘.

중보기도

(1) 삶의 어려움 속에서 방황하는 이들이 복음의 진정한 능력을 경험하게 하소서.
(2) 한국교회가 복음을 향한 진정한 마음을 회복하도록 도우소서.

▶ 만남의 준비

베드로전서 2:1-10을 읽고 헌신하는 공동체에 대해 묵상해봅시다.

34. 사랑과 헌신으로 부름 받은 공동체

> 성경 : 베드로전서 2:1-10(암송요절 9절)
> 찬송 : 455장(통507장), 461장(통519장)
> 주제 : 하나님은 예수의 사랑을 경험하고, 그것을 전하는 데 헌신하도록 부르셨습니다.

1. 모든 사람을 부르시는 사랑

삶의 방향은 단순하게 자신의 필요를 따라 사는 삶과 다른 누군가의 필요를 채워주는 삶으로 나눠집니다. 그런데 그리스도인은 단순히 다른 사람의 필요를 넘어 '하나님의 필요'를 따라 사는 사람들입니다. 오늘 말씀에서 하나님은 믿는 사람들을 '택하여 부르셨다'고 말합니다. 이러한 부르심을 받은 삶을 한 단어로 요약하면 바로 '사랑'입니다. 사랑은 자기중심적인 사랑의 표현이 아니라, 타인의 필요를 먼저 돌아보는 삶입니다. '세상을 이처럼 사랑하사(요 3:16)' 하나님께서 사람이 되어 이 세상 속으로 들어오신 것처럼, 하나님의 관점에서 세상은 우리가 뛰어들어야 하는 구체적인 선교 현장입니다. 세상의 빛이 되는 교회가 되려면 무엇보다도 하나님의 사랑이 구현되는 현장으로써의 세상을 인식하고 그곳이야말로 교회가 뛰어들어야 할 사역의 자리임을 인식하는 것이 우선되어야 합니다.

베드로전서 2장에서 예수님은 보배로운 산 돌(the living Stone)로 묘사됩니다. 비록 세상은 흔한 돌처럼 여기고 버렸으나 생명을 주시는 그리스도는 그에게 나아오는 모든 자에게 새 생명을 주십니다(4-5절). 9절에서 하나님은 우리를 '왕 같은 제사장'으로 부르셨다고 말씀하십니다. 예수님께서도 처음 제자들을 부르실 때 "나를 따라오라 내가 너희를 사람을 낚는 어부가 되게 하리라"고 말씀하셨습니다. 이 말씀들은 특정 교회와 성직자만 '부르심'을 받았다는 것을 나타내지 않습니다. 사람을 낚는 어부로 만들겠다는 뜻을 가지고, 예수를 따르는 모든 사람들을 부르셨다는 것입니다. 그러므로 우리가 물어야 하는 질문은 '부르심을 받았느냐'가 아니라 '어떤 부르심을 받았느냐'가 되어야 합니다. 우리가 받은 부르심은 그리스도의 사랑과 인자하심을 맛보는 부르심입니다(2-3절). 서로 다른 각자의 모습과 은사대로 각자에게 주신 사명을 감당해야 합니다.

2. 사랑이 헌신으로

'왕 같은 제사장'은 왕처럼 군림하는 제사장이 되라는 말씀이 아니라 왕 중의 왕, 제사장 중의 대제사장이신 예수 그리스도의 본을 따르라는 깊은 뜻이 담겨 있습니다. 초대교회 공동체를 보면, 나눔과 베풂이 있는 삶이었으며 동시에 변화에 대해 상당히 열정적이었던 것을 알 수 있습니다. 그들의 헌신은 그리스도를 닮아가려는 열정과 하나님 나라를 실현하는 사명에서 비롯되었습니다. 헌신이란 우리 내면에서 들리는 하나님의 음성을 따라 하는 행동입니다. 그리고 우리는 세상의 기준과 하나님의 기준 사이에서 필연적으로 발생하는 갈등을 무릅쓰고 선택해야만 합니다. 세상은 버린 돌처럼 여기는 그리스도를 하나님은 모퉁이의 머릿돌로 삼으셨습니다(7절).

　그러므로 헌신의 절대적 기준은 하나님입니다. 복음의 능력을 경험한 교회라면 하나님으로부터 받은 사명에 헌신할 수밖에 없습니다. 하나님께서는 우리를 '택하신 백성'으로, '왕 같은 제사장', '거룩한 나라이자 그의 소유된 백성'으로 부르셨습니다. 이전에 어두움 속에서 살던 이들이 이제는 하나님의 신비한 빛에 휩싸여 그의 선하심과 인자하심을 맛보며 그 사랑을 선포하고 헌신하는 삶을 살게 된 것입니다(9절). 그러므로 교회는 세상과 하나님을 연결시켜주는 연결고리가 되어야 합니다. 세상과 잘 접촉하여 하나님의 빛을 전달해주는, 헌신하는 교회가 되어야 합니다. 교회의 담장을 넘어 세상 속으로 들어가 그 곳에서 세상이 이해할 수 있는 방식으로 진리의 말씀을 전해야 합니다. 마땅한 사명 때문에 피 흘림이 있고, 허리띠를 조여야 할지라도 하나님의 사랑과 영광이 드러날 수 있다면 그것이 곧 교회의 사명의 자리입니다.

▶ **학습문제**

(1) 예수님을 거부한 세상을 하나님은 어떻게 여기셨나요?(4)
　　답: 사람들은 버렸지만 하나님은 보배로운 산 돌로 택하셨습니다.
(2) 예수님께 나아가는 자들은 어떤 부르심을 받았나요?(9)
　　답: 왕 같은 제사장, 거룩한 나라이자 하나님의 소유 된 백성으로 택하여 부르셨습니다.

🌿 기도

하나님 아버지, 어두움에 있던 우리를 하나님의 사랑의 빛으로 불러주시니 감사를 드립니다. 우리도 주님을 따라 하나님의 사랑과 영광을 선포하는 거룩한 사명에 헌신하는 복된 백성들이 되게 하여 주소서. 예수님 이름으로 기도드립니다. 아멘.

🌿 중보기도

(1) 여전히 어두움 속에 있는 주변의 형제자매들을 위하여 기도합니다.
(2) 하나님의 사랑을 받은 자로서 복음에 헌신하는 공동체가 되게 하여 주소서.

▶ 만남의 준비

사무엘상 1:1-6을 읽고 기도생활에 대하여 묵상해봅시다.

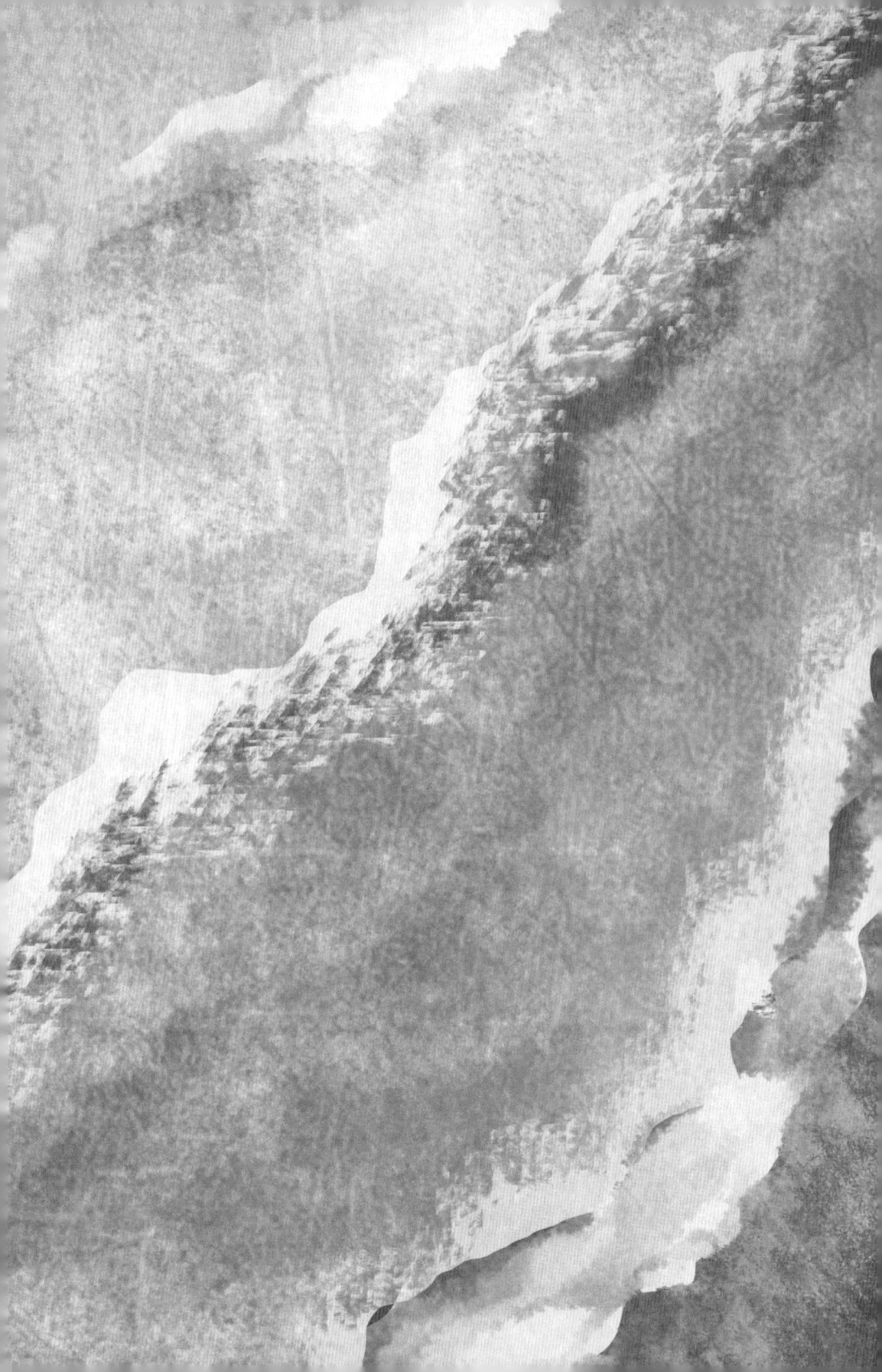

PART 05   옥성석 목사 편

9월
기도로 승리하는 그리스도인의 달

35. 그 방법밖에 없었을까?(삼상 1:1-6)
36. 기적은 기적처럼 오지 않는다(삼상 1:;20-28)
37. 한나의 '한나신경(信經)'(삼상 2:1-3)
38. 하늘병법을 아는가?(수 10:40-43)
39. 하나가 되게 하옵소서(요 17:11-16)

10월
삶이 전도가 되게 하는 달

40. 엘리에게도 배울 것, 있다(Ⅰ)(삼상 2:22-26)
41. 엘리에게도 배울 것, 있다(Ⅱ)(삼상 2:22-26)
42. 새 생명의 길, 예수(Ⅰ)(룻 1:1-5; 요 14:1-6)
43. 새 생명의 길, 예수(Ⅱ)(룻 1:19-22)

35. 그 방법밖에 없었을까?

> 성경 : 사무엘상 1:1-6(암송요절 6절)
> 찬송 : 288장(통204장), 505장(통268장)
> 주제 : 인생의 문제들을 세상의 방법이 아닌 하나님께 엎드림으로 해결해야 합니다.

 믿음이란 하나님이 계신 것을 믿는 것, 하나님을 찾는 자들에게 상 주시는 것을 믿고 그분을 찾아 나가는 것, 이것이 믿음입니다. 소화(小花) 테레사는 이런 말을 했습니다. "저에게 있어서 기도는 마음의 솟아오름입니다. 그냥 하늘을 향해 시선을 두는 것입니다. 시련을 겪을 때나 기쁠 때나 사랑과 감사의 외침입니다."

1. '엘가나'의 문제 해결 방법

 본문 1절을 보면 짧은 문장에 아홉 개의 고유명사가 있습니다. 세 개의 지명과 여섯 개의 인명까지 등에 업고 나타나는 이 인물 엘가나는 뼈대 있는 집안의 후손임을 드러내고 있습니다. 그는 에브라임 산지, 에브라임 사람이었습니다. 요셉에게 두 아들이 있었습니다. 므낫세와 에브라임입니다. 할아버지 야곱은 차자 에브라임에게 오른손을 없고 축복의 안수기도를 베풀었습니다(창 48:8-22). 세월이 흘러 가나안 땅을 분배할 때 가장 좋은 땅을 에브라임 지파가 분배받습니다(수 17:17-18). 그들이 분배받은 땅이 바로 에브라임 산지입니다. 에브라임 산지란 축복기도가 이루어진 현장이란 뜻입니다.

에브라임, 라마다임소빔에 살았던 사람이 엘가나입니다. 그에게는 두 아내가 있었습니다. 한나와 먼저 결혼했지만, 아이를 낳지 못했습니다. 하나님께서 그에게 임신하지 못 하게 하셨기 때문입니다(삼상 1:5-6). 중요한 것은 그때 엘가나가 이 문제를 가지고 하나님을 찾지 않았다는 것입니다. 그는 사람을 찾습니다. 바로 브닌나입니다. 그녀를 통해 자신의 문제를 간단히 해결해 버립니다. 그 어떤 갈등, 고민, 기다림도 없습니다. 평소엔 하나님을 경외하고, 말씀에 순종하며, 그 뜻대로 살던 엘가나가 문제에 직면하자 세상 사람들과 같은 방법으로 접근합니다.

2. 문제 앞에서 보여 줄 신앙인의 모습

에브라임, 라마다임소빔에 살고 있었던 엘가나에게 이 방법밖에 없었을까요? 그는 지금 기도를 놓치고 있습니다. 기도한 흔적이 없습니다. 한나가 그렇게 힘들게 울면서 기도하는데도 불구하고 함께 손을 잡고 기도한 흔적을 찾을 수 없습니다.

엘가나란 이름은 '하나님의 소유'라는 뜻입니다. "그러나 너희는 택하신 족속이요 왕 같은 제사장들이요 거룩한 나라요 그의 소유가 된 백성이니"(벧전 2:9). 그렇다면 엘가나는 오늘 바로 '우리'입니다. 엘가나는 기도를 떠올리게 하는 에브라임, 라마다임소빔에 살았습니다. 오늘의 엘가나인 우리도 기도를 떠올리게 하는 이 말씀 속에 살고 있습니다. 이 말씀 속에 기도에 대해 수많은 간증들이 있습니다. 그 어떤 문제든지, 심지어 죽은 지 나흘이나 된 자 일지라도 기도하면 응답받았습니다.

오늘날 우리는 어떠합니까? 문제에 직면했을 때, 정말 하나님이 계신 것을 믿습니까? 그 하나님이 자기를 찾는 자, 기도하는 자들에게 상주시는 분이심을 믿습니까? 그래서 긍휼하심을 받고 때를 따라 돕는 은혜를 얻기 위하여 은혜의 보좌 앞에 담대히 나아가고 있습니까?(히 4:16). 나는 과연 이름처럼 살고 있습니까?

우리 모두는 항해자들입니다. 바람과 파도를 피할 수 없습니다. 그런데 그 바람과 파도를 어떻게 대하느냐에 따라 기회로 바뀔 수 있습니다. 위기는 곧 기회요, 결핍은 풍요의 출발점입니다. 내 힘으로 해결할 수 없는 문제는 축복의 서곡입니다. 하나님 앞에 엎드려 나아갈 때 하나님은 나의 기도를 들어주시고, 응답해주시며, 내 문제를 능히 해결해주시는 은혜를 맛보게 됩니다.

▶ 학습문제

(1) **엘가나는 어떤 방식으로 문제를 해결했나요?**
　　답: 하나님의 소유임에도 세상 사람들의 방법으로 해결을 합니다.
(2) **하나님의 자녀인 우리는 어떤 방법으로 문제를 바라봐야 할까요?**
　　답: 문제를 회피하는 것이 아닌 위기가 기회이고, 결핍은 풍요의 출발점이고, 해결할 수 없는 문제는 축복의 서곡임을 깨닫고, 하나님 앞에 엎드려야 합니다.

🌿 기도

하나님 아버지, 우리의 삶에 수많은 간증들을 들려주셨음에도 불구하고, 하나님을 의지하기보다 세상을 더 의지한 모습을 회개합니다. 다시 한 번 믿음의 눈을 들어 내 삶을 완전케 하실, 예수님 이름으로 기도드립니다. 아멘.

🌿 중보기도

(1) 어려운 문제로 힘들어하는 사람들에게 하나님의 일하심을 경험하게 하여 주옵소서.
(2) 세상을 살아가지만 하나님의 소유답게 하늘의 소망을 품고 살게 하여 주옵소서.

▶ 만남의 준비

사무엘상 1장 20~28절을 읽고, 한나가 어떤 마음으로 서원했는지 묵상해봅시다.

36. 기적은 기적처럼 오지 않는다

> 성경 : 사무엘상 1:20-28(암송요절 20절)
> 찬송 : 314장(통511장), 325장(통359장)
> 주제 : 기적은 기적처럼 오지 않고, 주님께 온전한 마음을 드릴 때 경험할 수 있습니다.

김동호목사가 폐암선고를 받은 후 하나님의 음성이 들렸습니다. "내 백성을 위로하라"(사 40:1). 그때 떠올린 것이 유튜브였습니다. <날마다 기막힌 새벽>유튜브를 통해 자신처럼 암으로 투병하는 자, 예기치 못한 고난에 던져진 자들을 위로하며 혼신의 힘을 다해, 말씀을 나누고, 찬양하고, 기도를 반복했더니 하나님께서 그에게 '치료의 광선'으로 임하셨습니다.

1. 한나의 서원

한나는 임신을 할 수 없는 여인이었습니다(삼상 1:5, 6). 그런데 그녀가 임신하고, 아들을 낳았습니다(삼상 1:20). 이것은 기적이었습니다. 한나가 하나님 앞에 나아가 "나를 생각해 주시옵소서"(삼상 1:11), 이 간구에 하나님께서는 "여호와께서 그를 생각하신지라"(삼상 1:19). 여기서 '생각'은 '자카르'라는 단어입니다. '자카르'는 '돌아보셨다. 긍휼히 여기셨다. 주목하셨다. 불쌍히 여기셨다. 기억하셨다'는 뜻입니다.

그래서 한나는 하나님께 서원했습니다. 아들을 주시면 … 그의 머리에 삭도를 대지 아니하겠습니다(삼상 1:11). 성경은 서원에 대해 무척 엄격하게 가르치고 있습니다(전 5:4-6). 그런데 한나는 자신의 서원을 갚습니다. 그러면 우리가 그렇게 살아야 한다는 정도의 깨달음으로 넘어가면 될까요? "삭도를 머리에 대지 않겠다"는 것은 '나실인으로 살도록 하겠다.'는 뜻입니다. 나실인이란 종교의 순수성을 보존하려는 헌신자를 뜻합니다. 한나가 아들을 나실인으로 키우는 것, 그것은 곧 그 아이의 평생을 여호와께 드리는 것과 마찬가지입니다. 바로 여기서 던져야 할 질문이 있습니다. 이 나실인들은 예외 없이 성전에서 자라야만 하는 것일까요?

사무엘과 거의 동시대에 나실인으로 살았던 인물은 삼손입니다(삿 13:5). 그는 성전이 아닌 자기 집에서 자랐습니다. 한나는 귀한 아들을 얻었습니다. 얼마나 기쁘고, 얼마나 사랑스러웠을까요? 아들 사무엘은 한나에게 있어서 그 무엇과도 바꿀 수 없는 귀한 존재였습니다. 나실인이라고 해서 꼭 성전에 바치지 않아도 괜찮았습니다. 한나가 자신의 행동을 정당화하고, 합리화할 수 있는 논리가 얼마든지 있었습니다. 그런데 한나는 그렇게 하지 않습니다. '젖 뗀'이란 말이 세 번 나옵니다. 히브리인들은 세 살 때까지 젖을 먹였다고 합니다. 그런데 그 어린아이를 데리고 '하나님의 집'으로 나아갑니다(삼상 1:26-28). 당시 실로성전은 솔로몬이 성전을 건축하기 전이었기 때문에 천막이었을 것입니다. 환경이 열악했습니다.

2. 기적은 기적처럼 오지 않는다.

한나는 하나님께 기도, 용서, 믿음을 드렸지만 그 외에 한 가지 더 중요한 것이 있습니다. 그것은 중심입니다. 이 사실을 알았던 한나는 이렇게 고백합니다. "여호와는 지식의 하나님이시라 행동을 달아 보시느니라"(삼상 2:3). 이 고백에 하나님은 이렇게 화답하십니다. "나 여호와는 중심을 보느니라"(삼상 16:7). 그때 하나님은 기도, 용서, 믿음의 여인 한나의 중심을 보고, 읽고 계셨던 것입니다.

정유선 교수가 쓴 〈기적은 기적처럼 오지 않는다〉란 책이 있습니다. 저자는 장애를 극복하고 현재 미국 조지메이슨 대학의 교수로 재직 중입니다. 세 살에 뇌성마비가 되고 두 아이의 엄마가 된 지금까지 언어장애와 지체장애는 평생 짊어져야 할 십자가였습니다. 그가 말합니다. "기적은 기적처럼 오지 않습니다." 그 기적을 향한 끊임없는 몸부림이 있었기에 기적을 맛보았다는 것입니다. 기적은 저 하늘의 유성처럼 갑자기 떨어지는 것이 아니고, 들꽃처럼 때가 되면 으레 피어나는 것도 아닙니다. 기적은 기적처럼 오지 않습니다.

한나는 자기 아들을 하나님께 드리되 중심어린 마음으로 드립니다. 그리고 하나님은 이런 한나를 기억하십니다(삼상 2:21). 이것은 단순히 자녀들을 낳았다는 뜻이 아니라 하나님께서 계속하여 한나에게 은혜와 기적을 베푸셨다는 것입니다. 우리의 남은 생애에 하나님의 은혜와 기적이 이어지게 될 줄 확신합니다.

▶ 학습문제

(1) 한나가 서원한 내용은 무엇인가요?
    답: 아들을 주시면 내가 그의 평생에 그를 여호와께 드리고 삭도를 그의 머리에 대지 아니하겠나이다 (삼상 1:11).
(2) 기적은 기적처럼 오지 않고, 어떠한 모습으로 내 삶에 나타납니까?
    답: 마음의 중심을 하나님께 드릴 때 하나님께서 우리 삶 속에 기적처럼 역사하십니다.

✤ 기도

하나님 아버지, 주님의 기적을 바라기 전에 먼저 나의 마음의 중심을 주님께 드리게 하시옵소서. 예수님 이름으로 기도드립니다. 아멘.

✤ 중보기도

(1) 인생에 풀리지 않는 문제 앞에서 더욱 하나님을 의지하게 하옵소서.
(2) 하나님의 은혜와 기적이 삶 속에 끊이지 않게 하옵소서.

▶ 만남의 준비

사무엘상 2:1~3을 읽고, 한나의 고백에 담겨있는 하나님을 묵상해봅시다.

37. 한나의 '한나신경(信經)'

성경 : 사무엘상 2:1-3(암송요절 2절)
찬송 : 380장(통424장), 384장(통434장)
주제 : 내가 가진 삶의 고백을 통해 살아계신 하나님을 높이는 삶을 살아야 합니다.

　우리가 고백하는 사도신경은 언제, 어떻게 만들어졌을까요? 교회가 태동한 후 믿는 자가 많아졌습니다. 그런데 2세기 무렵부터 이단사상들이 교회를 흔들기 시작하자 교회는 믿음의 공동체가 기본적으로 믿어야 할 교의(敎義 또는 교리))가 필요했습니다. 여러 논쟁 속에 '신경(信經)'이라 명명하고 이단여부를 판별하는 잣대로 삼았습니다.
　지금 한 여성의 기도문을 펼쳤습니다. 하지만 본문을 주의 깊게 살피면 몇 가지 부분에서 석연찮은 점을 발견합니다. ①본문은 '내 마음이 여호와로 말미암아 즐거워하며'로 시작하여 그 대상이 분명치 않습니다. ②"심히 교만한 말을 다시 하지 말 것이며 오만한 말을 너희의 입에서 내지 말지어다 여호와는 지식의 하나님이시라 행동을 달아 보시느니라"(삼상 2:3). 기도라고 보기에는 석연치 않습니다. ③ "전에 임신하지 못하던 자는 일곱을 낳았고 많은 자녀를 둔 자는 쇠약하도다"(삼상 2:5). 한나가 언제 사무엘 다음 아이를 낳았나요? "여호와께서 한나를 돌보시사 그로 하여금 임신하여 세 아들과 두 딸을 낳게 하셨고 아이 사무엘은 여호와 앞에서 자라니라"(삼상 2:21). 이 기도 후 한참 시간이 흐른 뒤입니다. 사실을 종합해볼 때 이 본문은 지난 세월을 겪어온 한나가 그가 만난 하나님을 여러 사람들 앞에서 고백하는 신앙 고백문이 아닐까요? 그래서 제목을 한나의 '한나신경(信經)'이라고 할 수 있습니다.

1. '한나신경'이라고 할 수 있는 이유(Ⅰ)

성경에는 한나와 같이 아이문제로 고생했던 여인들이 있습니다. 사라, 라헬, 나오미입니다. 그런데 이들에게 놀라운 일들이 일어났습니다. 사라는 "아브라함의 노경에 내가 아들을 낳았도다"(창 21:7). 라헬은 뭐라고 했습니까? "라헬이 이르되 내가 언니와 크게 경쟁하여 이겼다 하고 그의 이름을 납달리라 하였더라"(창 30:8). 심지어 나오미는 어떠했나요? "그의 이웃 여인들이 그에게 이름을 지어 주되 나오미에게 아들이 태어났다"(룻 4:17).

그렇다면 똑같은 처지에 있었던 한나는 어떻게 입을 열어야 했을까요? "내 마음이 아들로 말미암아 즐거워하며 내 뿔이 아들로 말미암아 높아졌으며 내 입이 내 원수들을 향하여 크게 열렸으니 이는 내가 아들로 말미암아 기뻐함이니이다"(삼상 2:1). 하지만 그는 단 한 번도 자신이 선물로 받은 아들에 대해서 언급하지 않았습니다. 아들 대신에 누구를 높이고 있습니까? "한나가 기도하여 이르되 내 마음이 여호와로 말미암아 즐거워하며 내 뿔이 여호와로 말미암아 높아졌으며 내 입이 내 원수들을 향하여 크게 열렸으니 이는 내가 주의 구원으로 말미암아 기뻐함이니이다"(삼상 2:1). '여호와로 말미암아' 이 고백이 제일 먼저입니다. '여호와께서 나에게 해 주신 일들로 말미암아'란 뜻입니다. 세 번이나 외치고 있습니다.

이 모든 것은 그가 하나님을 만났기 때문에 가능한 고백이었습니다. 그러므로 이 고백은 단순한 기도, 고백을 뛰어넘어 '한나신경'이라고까지 불러도 전혀 손색이 없습니다.

2. 한나신경이라고 할 수 있는 이유(Ⅱ)

본문의 '여호와로 말미암아' 이 고백을 제일 처음 한 사람이 누구일까요? "아담이 그의 아내 하와와 동침하매 하와가 임신하여 가인을 낳고 이르되 내가 여호와로 말미암아 득남하였다 하니라"(창 4:1). 그런데 아담 이후 이 고백이 사라졌습니다. 그 누구의 입에서도 '여호와로 말미암아'라는 고백이 터져 나오지 않았습니다. 그런데 지금 한나가 이 고백을 회복합니다. 그 이유가 무엇인가요? "여호와는 죽이기도 하시고 살리기도 하시며 스올에 내리게도 하시고 거기에서 올리기도 하시는도다 여호와는 가난하게도 하시고 부하게도 하시며 낮추기도 하시고 높이기도 하시는도다 가난한 자를 진토에서 일으키시며 빈궁한 자를 거름더미에서 올리사 귀족들과 함께 앉게 하시며 영광의 자리를 차지하게 하시는도다 땅의 기둥들은 여호와의 것이라 여호와께서 세계를 그것들 위에 세우셨도다"(삼상 2:6-8).

한나가 모든 것이 여호와로 말미암는다는 이 사실을 고백하고 있기에 과감하게 이를 '한나신경'이라고 할 수 있는 것입니다. 이 고백을 누구 앞에서 했을까요? 하나님 앞입니다. 하지만 사람 앞에서도 했던 고백이라고 볼 수 있습니다.

사랑하는 여러분! 이제 여러분의 문장으로 여러분이 믿는 하나님을 고백해야 합니다. 내가 '여호와로 말미암아! 여호와로 말미암아! 여호와로 말미암아 오늘의 내가 있습니다.'

▶ **학습문제**

(1) 한나의 기도가 위대한 이유는 무엇인가요?
    답: 무언가 주어졌기 때문에 하는 고백이 아니라 그가 만난 하나님으로 말미암아 기뻐하고, 높이고, 찬양하는 고백이기 때문입니다.
(2) '나'만이 할 수 있는 '한나신경'과 같은 고백이 있나요?
    답: 자유롭게 나눠주세요.

🌱 **기도**

하나님 아버지, 여호와께서는 죽이기도 하시고, 살리기도 하시는 줄 믿습니다. 그 하나님 앞에 나의 삶을 올려드리며, 주님만을 높이는 삶을 살게 하여 주시옵소서. 예수님 이름으로 기도드립니다. 아멘.

🌱 **중보기도**

(1) 삶의 여러 문제 가운데 믿음이 흔들리지 않게 하옵소서.
(2) 하나님 때문에 살아갈 용기와 힘을 얻을 수 있는 하루하루가 되게 하옵소서.

▶ **만남의 준비**

여호수아 10장 40~43절을 읽고, 내 삶에 영적인 길갈은 무엇인지 묵상해봅시다.

38. 하늘병법(兵法)을 아는가?

성경 : 여호수아 10:40-43(암송요절 43절)
찬송 : 542장(통340장), 545장(통344장)
주제 : 그리스도인들에게는 하늘병법(兵法)인 말씀과 교회를 사랑하는 마음이 필요합니다.

우리는 병법하면 〈손자병법(孫子兵法)〉과 〈병법(兵法) 삼십육계(三十六計)〉를 떠올립니다. '지피지기(知彼知己)면 백전불태(百戰不殆)' 이것이 〈손자병법〉에 있고, '36계 줄행랑'은 〈병법 삼십육계〉의 마지막 서른여섯 번째 나오는 병법입니다.

마찬가지로 영적 군사인 우리에게는 '하늘병법'이 있습니다. 그런데 본문에서 우리는 '그 모든 왕을 하나도 남기지 아니하고, 다 진멸했다. 이 모든 왕들과 땅을 단번에 빼앗았다.'(수 10:40, 42)는 말씀에 의문을 품게 됩니다. 왜냐하면 가나안 정복과정이 24장에 걸쳐 기록되어 있는데 그 중간도 되지 않는 10장에서 이미 다 정복했다고 말하기 때문입니다. 여호수아와 이스라엘 백성들은 가나안을 정복할 때, 먼저 거점도시들을 정복하는데 10장까지는 거점도시들을 정복한 기록이고, 11장부터는 미진한 부분의 전투기록입니다. 그러므로 큰 전쟁은 10장에서 끝났다고 보면 됩니다. 그렇기에 40~42절에 '그 모든 왕을 하나도 남기지 아니하고, 다 진멸했다. 모든 왕들과 땅을 단번에 빼앗았다.'고 기록하고 있는 것입니다.

그러므로 여호수아 10장 43절은 결론이라고 할 수 있습니다. 당시 전투에 참여한 군인들이 603,550명이었는데 이 많은 사람들이 가나안 거민들과 전투를 벌여 땅을 차지한 후에 점령지를 포기하다시피 하며 다시 길갈로 돌아옵니다. 어찌 보면 이상해 보이는 이런 행동을 한 번만 하지 않습니다(수 10:6, 7, 9, 15, 43).

1. 길갈의 의미는 무엇인가요?

먼저, 길갈의 위치는 어디일까요? 여리고성 동쪽 요단강 언덕배기입니다(수 4:19). 그런데 길갈에서 무슨 일이 있었습니까? 이스라엘이 요단강을 건넌 후 여호와께서 여호수아에게 명령하십니다. "요단 가운데 제사장들의 발이 굳게 선 그 곳에서 돌 열둘을 택하여 그것을 가져다가 오늘 밤 너희가 유숙할 그곳에 두게 하라"(수 4:3). 그리고 이스라엘 자손들에게 다시 할례를 행하라고 하십니다(수 5:2). 이렇게 요단강 중앙에서 가져온 열두 돌을 세운 언덕, 온 백성이 할례를 받은 그곳을 애굽의 수치를 떠나가게 하였다는 뜻의 '길갈'이라 명명했습니다. 그들은 그곳에서 하나님께 감사하지 않을 수 없었습니다. 그래서 온 백성이 유월절을 지키면서 하나님께 감사의 제사를 올려드렸습니다.

그렇다면 길갈은 하나님의 특별한 은혜가 나타난 특별한 장소입니다. 깊은 강 속에서 건져내신 구원의 현장이며, 하나님의 긍휼하심과 자비, 하나님의 간섭과 도우심이 나타난 현장입니다. 이들은 이 길갈을 결코 잊을 수가 없었습니다. 그래서 전투를 벌여 땅을 차지한 후에도 길갈을 찾아가는 것이 곧, 하나님을 찾는 것이라 생각하며 길갈로 돌아왔던 것입니다.

2. 영적 길갈은 어디인가요?

첫째, 말씀입니다. "이스라엘 자손들에게 말하여 이르되 후일에 너희의 자손들이 그들의 아버지에게 묻기를 이 돌들은 무슨 뜻이니이까 하거든 너희는 너희의 자손들에게 알게 하여 이르기를 이스라엘이 마른 땅을 밟고 이 요단을 건넜음이라"(수 4:21-22). 하나님이 하신 일을 알려주기 위하여 돌을 세웠던 장소가 바로 길갈입니다. 그러므로 오늘의 길갈은 하나님의 말씀입니다.

둘째, 교회입니다. "여호수아가 요단에서 가져온 그 열두 돌을 길갈에 세우고"(수 4:20). "또 내가 네게 이르노니 너는 베드로라 내가 이 반석 위에 내 교회를 세우리니 음부의 권세가 이기지 못하리라"(마 16:18). 같은 의미입니다. 그렇기에 교회라고 할 수 있습니다. 우리는 세상이 주는 즐거움을 찾아 떠나는 것이 아닌 하나님의 교회를 찾고 또 찾아야 합니다. 다윗은 쫓기는 상황에서도 자신을 노출하며 하나님의 성전을 찾습니다(삼상 21:1). 이런 다윗에게 하나님은 은혜를 베푸셨습니다. 그의 아들 솔로몬도 왕의 일을 뒤로 하고, 하나님의 전을 찾습니다(왕상 3:4). 이런 솔로몬에게 하나님은 전무후무한 지혜를 주셨습니다.

오늘 우리들의 길갈은 어디입니까? 길갈을 찾는 자들에게 하나님은 은혜를 주십니다. 주의 말씀을 사랑하며, 하나님의 성전을 찾으시길 바랍니다. 그 때 하나님께서 우리의 간절한 기도를 들으시고, 응답해주실 줄 믿습니다.

▶ 학습문제

(1) 이스라엘 백성들에게 길갈은 어떤 의미로 다가옵니까?
    답: 애굽의 수치를 넘어가게 하셨고, 구원을 베푸셨으며, 하나님의 긍휼하심 도우심이 나타난 현장입니다.
(2) 오늘날의 길갈은 무엇이라고 할 수 있습니까?
    답: 하나님의 말씀을 사랑하며, 교회를 열심히 찾아오는 모습입니다.

✤ 기도

하나님 아버지, 내 평생에 주의 말씀을 사모하며, 교회를 사랑하는 마음을 허락하여 주시옵소서. 예수님 이름으로 기도드립니다. 아멘.

✤ 중보기도

(1) 세상을 살아갈 때 세상의 방법이 아닌 하나님의 방법으로 살아가게 하옵소서.
(2) 이 땅의 주님의 몸 된 교회를 통해 하나님 홀로 영광 받으시옵소서.

▶ 만남의 준비

요한복음 17장 11~16절을 읽고, 하나 된다는 것이 어떤 의미인지 묵상해봅시다.

39. 하나가 되게 하옵소서

> 성경 : 요한복음 17:11-16(암송요절 11절)
> 찬송 : 361장(통480장), 366장(통485장)
> 주제 : 하나 됨을 위해 기도하셨던 주님의 기도가 나의 기도가 되어야 합니다.

미국의 한 사회학자가 만 95세 이상 고령자 50명을 대상으로 설문조사했습니다. "만약 당신의 인생을 다시 한 번 살 수 있다면 무엇을 하시겠습니까?" 세 가지 공통점이 나왔는데 첫째가 '더 많은 모험'(risk more), 둘째는 '더 많은 성찰'(reflect more), 그리고 마지막으로 '더 많은 감사'(thank more)였습니다. 죽음직전 예외 없이 고독과 공허가 찾아올 때, 과연 사랑하는 사람들과의 대화를 통해서 극복되었을까요? 그것으로는 부족했습니다.

1. 요한복음 17장이 우리에게 주는 의미는 무엇인가요?

"예수께서 이 말씀을 하시고 눈을 들어 하늘을 우러러"(요 17:1). 사랑하는 제자들과의 대화를 멈추시고 하나님과 대화를 시작하십니다. 그래서 요한복음 17장을 '대제사장의 기도'라고 부릅니다. 종교개혁자 멜랑크톤은 숨을 거두기 전 마지막 설교본문으로 요한복음 17

장을 택했습니다. 존 낙스 또한 병상에서 최후를 맞이할 때 계속적으로 이 17장을 읽어달라는 유언을 남겼습니다. 요한복음 17장이 주목 받고, 사랑 받는 이유가 무엇입니까? 첫째, 이 기도를 드린 '때' 때문입니다. 이 기도는 유월절이 시작되는 목요일 마지막 밤, 세상에서 해야 할 일을 마무리하시고, 하나님을 향하여 올린 기도입니다. 둘째, 이 기도에는 주님의 중심이 녹아있기 때문입니다. 루터는 이 17장을 놓고 "그리스도께서는 우리에 관하여, 그리고 아버지에 관하여 그의 심중을 열어 보이신다. 그리고 그것들을 모두 토로하신다."라고 말했습니다. 셋째, 이 기도는 기도를 뛰어넘어 '직고(直告)'하고 계시기 때문입니다. 그래서 학자들은 이 17장을 중요하게 취급하고 있습니다.

요한복음 17장을 깊이 묵상하면 무지개의 일곱 빛깔을 경험하게 됩니다. ①S-Salvation(구원) ②U-Understanding(깨달음) ③C-Confidence(신념) ④C-Commitment(헌신) ⑤E-Earnestness(열정) ⑥S-Smile(자애) ⑦ S-Service(봉사) 주님이 이 땅에 계시면서 지금까지 무엇을 목표로 하셨고, 어떤 일에 가치관을 두셨는지를 직접 밝히십니다. 이 일곱 개의 단어 첫 스펠링을 모아보니 공교롭게도 성공(Success)입니다. 이것이 요한복음 17장에 대한 큰 산의 숲입니다. 그렇다면 이제 숲을 이루는 나무를 살펴봐야 합니다. 그렇다면 제일 먼저, 또렷하게 보이는 것은 무엇입니까?

2. 주님의 꿈, '하나가 되게 하옵소서.'

주님의 꿈은 '하나가 되게 하옵소서.'(요 17:11)입니다. 이 꿈, 간절한 소원이 요한복음 17장 그 밑바탕에 강물처럼 흐르고 있습니다(요 17:21-23). 왜 이 소원을 피력하셨을까요? '세상'이라는 단어를 반복적으로 언급하시는데(요 17:11, 13, 14, 15, 16) 세상이란 옛 뱀, 마귀라고도 하고, 사탄이라고 하는, 온 천하를 꾀는 자입니다(계 12:9, 12). 이 사탄의 특징은 형제들을 이간질하고, 분쟁을 좋아합니다. 즉 사탄의 주목적은 하나 됨을 파괴하는 것입니다.

사탄은 세상에 있는 우리를 갖은 방법을 다 동원해서 파괴하려고 합니다. 이 사탄의 머리를 상하게 하기 위해 예수 그리스도께서 여자의 후손으로 오셨습니다(창 3:15). 그리고 사탄의 머리를 밟으셨습니다. 하지만 아직도 몸통은 움직이고, 살아있습니다. '자기의 때가 얼마 남지 않은 줄'(계 12:12) 알고 더 발악을 합니다. 그렇기에 주님은 이 하나 됨의 꿈을 피력하시는 것입니다. 그러면 어떻게 하나 됨을 이룰 수 있습니까?

"내가 그들과 함께 있을 때에 내게 주신 아버지의 이름으로 그들을 보전하고 지키었나이다 그 중의 하나도 멸망하지 않고 다만 멸망의 자식뿐이오니 이는 성경을 응하게 함이니이다"(요 17:12). 주님은 계속해서 성경(말씀)을 응하게 하려 하셨습니다(요 18:9, 32, 19:28). 즉 하나님의 말씀에 자신의 모든 것을 맞추십니다. 하나님의 말씀에 자신을 맞출 때 하나 됨을 이룰 수 있습니다.

▶ **학습문제**

(1) **요한복음 17장을 읽으면 알 수 있는 일곱 가지 색깔은 무엇입니까?**
답: 'SUCCESS' ①S-Salvation(구원), ②U-Understanding(깨달음), ③C-Confidence(믿음), ④C-Commitment(헌신), ⑤E-Earnestness(열정) ⑥S-Smile(자애) ⑦S-Service(봉사)

(2) 예수님의 기도를 통해 알 수 있는 주님의 꿈은 무엇입니까?
답: 하나님의 말씀에 자신을 맞출 때 가능합니다(요 17:12).

❃ 기도

하나님 아버지, 사단은 우리로 하여금 분열되게 하지만 주님은 우리로 하나되게 하십니다. 그 하나 됨을 힘써 지키는 삶이 되게 하옵소서. 예수님 이름으로 기도드립니다. 아멘.

❃ 중보기도

(1) 이 땅이 그리스도인이 빛과 소금의 역할을 감당하여 세상을 변화시키게 하옵소서.
(2) 주님의 몸 된 교회가 복음으로 충만하여 보내신 사명 감당하게 하옵소서.

▶ 만남의 준비

사무엘상 2장 22~26절을 읽고, 엘리에게 배울 것은 무엇인지 묵상해 봅시다.

40. 엘리에게도 배울 것, 있다(Ⅰ)

> 성경 : 사무엘상 2:22-26(암송요절 24절)
> 찬송 : 495장(통271장), 496장(통260장)
> 주제 : 엘리가 보여주었던 선한 마음을 닮아 이웃에게 사랑을 전해야 합니다.

익숙한 성경본문을 대할 때 우리는 생각의 틀에서 벗어나는 것이 쉽지 않습니다. 하지만 어떤 본문을 대하든 새로운 사고와 긍정적인 시각으로 접근해서 본문을 다시 살피면 전혀 다른 메시지가 숨어 있음을 알 수 있습니다. 오늘 본문도 그러한 관점으로 살펴보려고 합니다.

첫째, 엘리에 대한 하나님의 평가

한나가 아이를 낳지 못할 때 엘리가 한나를 위해 기도합니다(삼상 1:17). 그때 하나님께서 엘리의 기도를 들으시고 한나의 태를 열어주십니다. "엘리가 엘가나와 그의 아내에게 축복하여 이르되 여호와께서 이 여인으로 말미암아 네게 다른 후사를 주사 이가 여호와께 간구하여 얻어 바친 아들을 대신하게 하시기를 원하노라 하였더니 그들이 자기 집으로 돌아가매 여호와께서 한나를 돌보시사 그로 하여금 임신하여 세 아들과 두 딸을 낳게 하셨고 아이 사무엘은 여호와 앞에서 자라니라"(삼상 2:20-21).

엘리가 엘가나와 한나를 놓고 또 기도합니다. 하나님은 그 기도를 들으시고, 세 아들과 두 딸을 낳게 하십니다. 이것은 무엇을 의미합니까? 하나님은 엘리를 어떻게 평가하고 계십니까? 만일 하나님이 부정적으로 평가하셨다면 그가 여호와께 부르짖을지라도 응답하지 않으셨을 것입니다(미 3:4). 그런데 엘리의 기도에 응답하십니다. 그를 여전히 하나님의 도구로 사용하고 계셨습니다. 하나님이 인정하시는 자를 우리가 정죄해서는 안 됩니다. 그렇기에 엘리에게도 배울 것이 있습니다.

둘째, 엘리에게도 배울 것, 있다 : 축복의 사람 엘리

본문을 보면 엘리는 한나와 엘가나를 축복합니다. 이 두 사람은 어떤 상황입니까? 슬픔에 젖어 위로가 필요한 자들이요, 마음에 간절한 소원을 가지고 있는 자들입니다. 엘리는 이들을 외면하지 않고, 다가갑니다. 그리고 그들을 진심어린 마음으로 축복합니다.

당시는 사사시대입니다. 사사는 왕, 제사장, 선지자의 삼중 역할을 행하는 막중한 위치에 있었습니다. 그런 위치에서 40여년 사역했던 사람이 엘리입니다. 이 제사장의 원조는 아론과 그의 아들들입니다. 하나님께서는 제사장들에 직무를 주셨습니다. "아론과 그의 아들들에게 말하여 이르기를 너희는 이스라엘 자손을 위하여 이렇게 축복하여 이르되 여호와는 네게 복을 주시고 너를 지키시기를 원하며 여호와는 그의 얼굴을 네게 비추사 은혜 베푸시기를 원하며 여호와는 그 얼굴을 네게로 향하여 드사 평강 주시기를 원하노라 할지니라 하라 그들은 이같이 내 이름으로 이스라엘 자손에게 축복할지니 내가 그들에게 복을 주리라"(민 6:23-27).

　로마의 박해시절, 초대 기독교인들 사이에 은밀히 건네지던 인사말이 있었습니다. "메멘토 모리(Memento Mori)" '당신의 죽음을 기억하라'는 뜻입니다. 죽음은 미래의 일인데 어떻게 과거의 일처럼 기억할 수 있을까요? 기독교는 세상의 '시작'과 함께 '끝'을 말합니다. 이것을 '종말론'이라고 하는데 핵심은 '심판'입니다. 이 심판에는 예외가 없고, 그 심판의 기준은 "여기 내 형제자매 중에 지극히 작은 자 하나에게 내가 어떻게 행했느냐?"입니다. 보이는 자기 형제자매를 사랑하지 않는 사람은 보이지 않는 하나님을 사랑할 수 없습니다(요일 4:20).
　우리 모두는 영적 제사장들입니다. 우리 주변에는 한나, 엘가나들이 즐비합니다. 저들에게 필요한 것은 위로와 격려입니다. 그들의 슬픔과 아픔에 동참하며, 엘리처럼 기도하고, 복을 비는 자들이 되어야 합니다. 엘리에게 배워야 할 것, 바로 이것입니다. 우리가 우리 곁에 있는 사람들을 위하여 복을 비는 것, 이것은 그 어떤 일보다 소중하고, 중요함을 기억하고 우리 곁에 있는 사람들을 판단하고, 정죄하기에 앞서 그들을 위하여 복을 빌고, 그들의 슬픔에 함께 동참하며 남은 생애를 보내기로 다짐하는 우리 모두가 되기를 소망합니다.

▶ 학습문제

(1) 엘리에 대한 하나님의 평가는 어떠했습니까?
   답: 우리의 고정관념과는 다르게 긍정적인 평가를 받은 인물입니다.

(2) 엘리에게 배웠다면 우리는 어떻게 살아야 할까요?
   답: 내 주변에 위로와 격려가 필요한 사람을 찾고, 그들에게 사랑의 손길을 내밀어 주어 복을 빌어주는 삶을 살아야 합니다.

✿ 기도

하나님 아버지, 네 이웃을 네 몸과 같이 사랑하라는 말씀을 내 삶에 실천할 수 있게 하여 주시옵소서. 예수님 이름으로 기도드립니다. 아멘.

✿ 중보기도

(1) 이 땅의 연약한 자들에게 주님의 도움의 손길이 임하여 주시옵소서.
(2) 나라와 민족 가운데 주가 하나님 되심을 알게 하여 주시옵소서.

▶ 만남의 준비

사무엘상 2장 22~26절을 읽고, 엘리에게 배울 것은 무엇인지 묵상해봅시다.

41. 엘리에게도 배울 것, 있다(Ⅱ)

> 성경 : 사무엘상 2:22-26(암송요절 24절)
> 찬송 : 499장(통277장), 505장(통268장)
> 주제 : 우리의 입술은 나쁜 '소문'이 아닌 좋은 '소식'을 전하는 입술이어야 합니다.

엘리 제사장하면 긍정적인 이미지보다 부정적인 이미지가 더 강합니다. 가장 큰 이유는 자식 때문이 아닌가 생각됩니다. 그의 두 아들 홉니와 비느하스의 행실은 어떠했습니까? 저들은 소위 제사장이었지만 하나님을 인정하거나 믿지 않았습니다(삼상 2:12). 이런 일이 어떻게 가능할까요?

1. 두 아들을 향한 엘리의 반응

본문 22절을 보면 '엘리가 매우 늙었다.'는 말로 시작합니다. 당시 그는 98세였습니다(삼상 4:15). 그때 엘리는 몸을 제대로 가누지 못할 정도로 노쇠했고, 눈까지 흐려 잘 보지를 못했습니다(삼상 4:15). 그렇기 때문에 명목상으로는 대제사장의 위치에 있었지만 실권은 아들들에게 이미 다 넘어간 상태였을 것입니다.

그런데 그가 어떻게 반응합니까? 자녀들을 불러 앉히고 하나님이 어떤 분이신지, 죽음 후에 직면하게 될 하나님의 심판이 얼마나 엄중할지, 그리고 생명이 하나님의 장중에 있음을 깨우치고 있습니다. 엎드려 회개해야 한다고 따끔하게 훈계하고 있습니다. 그 노령의 나이에 혼신의 힘을 다하여 하나님을 두려워하지 않는 아들들의 신앙교육에 생명을 걸고 있습니다. 마지막 순간까지 복음을 전하는 일에 온 힘을 쏟고 있습니다.

이때는 자기 소견에 옳은 대로 행했던(삿 21:25) 사사시대입니다. 구체적으로 어떤 행동들이었습니까? שמע(샤마)라는 단어가 본문에 몇 번이나 등장합니다. 듣고(22절), 듣노라(23절), 들리는(24절), 소문(24절), 모두 동일한 단어입니다. 그런데 여기 '소문'이라는 단어는 좋지 못한 이야기를 퍼뜨린다는 뜻입니다. 이 단어가 '이 모든 백성들'(23절)을 받고 있습니다. 이 모든 백성들은 누구입니까? 하나님을 믿는 자들입니다. 그런데 이들이 너무 쉽게 남의 집 자녀들을 정죄하고 있습니다. 사실 자녀 문제에 자유로운 부모는 없습니다. 정말 뜻대로 되지 않는 것이 자녀문제입니다. 이것은 성경의 역사가 증명합니다. 아담의 두 아들 가인과 아벨, 믿음의 조상 아브라함의 두 아들 이스마엘과 이삭(창 21:9), 평화의 사람 이삭의 두 아들 에서와 야곱(창 25:22), 또 야곱과 다윗은 어떠했습니까? 이처럼 자녀의 신앙교육이 쉽지 않습니다.

우리 또한 '이 모든 백성들'의 범주에 속해있습니다. 나 또한 너무 쉽게 남의 집 자식 얘기들을 퍼 나르고 있지는 않습니까? 이런 게 다 '샤마', 즉 소문입니다. 설령 그것이 사실이라 할지라도 모른 척, 아니 덮어줄 수는 없을까요?

2. 덮어주시는 은혜를 전하는 사람

　노아가 포도주를 마시고 취해서 벌거벗은 채 잠든 모습을 본 아들 함이 형제들에게 소문을 퍼트렸지만 셈과 야벳은 뒷걸음쳐 들어가서 아버지의 하체를 덮어주었습니다(창 9:23).

　보아스가 추수 후에 먹고 마시고 포만감으로 밭에 누워 깊은 잠에 빠졌습니다. 자다가 보니, 발밑에 한 여자가 누워있었습니다. 그 때 보아스는 자신의 옷자락을 펴서 그녀를 덮어줍니다(룻 3:7-15). 보아스로 오신 우리 주님의 별명이 무엇입니까? 속죄소입니다(출 25:20). 속죄소는 법궤의 뚜껑입니다. 그 안에는 십계명을 기록한 두 돌비가 들어있는데 이 율법이 드러날 때 모두 죽습니다. 그런데 속죄소, 법궤의 뚜껑이 온 몸으로 그 율법을 덮고 있습니다. 이같이 주님은 덮어주시는 분이십니다. 그런데 당시 자기 소견대로 행하던 이스라엘 온 백성들은, 하나님을 믿는다고 하면서도 덮어주지 않았습니다. 오히려 소문을 퍼뜨립니다.

　그런데 단 한 사람, 엘리는 그때 무엇을 하고 있습니까? '여호와를 알지 못하는 자'에게 복음을 전하고 있습니다. 특히 전도하기 어렵고 껄끄러운 대상, 사랑하는 아들들에게 안타까운 마음으로 하나님을 소개하고 있습니다.

　엘리에게 배워야 할 것, 바로 이것입니다. 여러분의 입은 어떤 용도로 사용되고 있습니까? 혹시 '샤마', 남의 허물과 약점을 '소문'으로 확장시키는 일에 내 입을 사용하고 있습니까? 아니면 엘리처럼 정말 입을 떼기 어려운 사람에게 다가가 '복음'을 전하는 일에 사용하고 있습니까? 우리도 엘리처럼 주변과 가족들에게 복음을 전하여 심령들이 주님 앞에 나아와 예수의 이름 앞에 무릎 꿇는 역사를 경험하길 주의 이름으로 축원합니다.

▶ **학습문제**

(1) 본문에 등장하는 '샤마'라는 단어의 의미는 무엇입니까?
　　답: 남의 허물과 약점을 '소문'으로 확장하는 것을 의미합니다.
(2) 엘리에게 배워야 할 것은 무엇입니까?
　　답: 자녀라 할지라도 '여호와를 알지 못하는 자'에게 복음을 전하고 있습니다.

🌿 **기도**

하나님 아버지, 우리의 입술이 영혼을 죽이는 입술이 아닌 영혼을 살리는 입술이 되게 하옵소서. 예수님 이름으로 기도드립니다. 아멘.

🌿 **중보기도**

(1) 육신의 연약함 가운데 있는 분들을 위로하여 주시고, 치유하여 주시옵소서.
(2) 세계선교를 담당하시는 선교사님들에게 열정을 주시고, 필요를 공급하여 주시옵소서.

▶ **만남의 준비**

룻기 1장 1~5절, 요한복음 14장 1-6절을 읽고, 예수의 길이 무엇인지 묵상해봅시다.

42. 새 생명의 길, 예수(Ⅰ)

성경 : 룻 1:1-5, 요 14:1-6 (암송요절 6절)
찬송 : 91장, 96장(통94장)
주제 : 인생이라는 무대에서 새 생명의 길, 예수 따라 살기

〈세상은 묘지 위에 세워져 있다〉란 책의 저자는 특이한 취미를 가지고 있습니다. 시간, 돈, 정성을 들여서 남의 묘지를 찾아가는 것이 취미입니다. 저자는 '자궁(womb)과 무덤(tomb) 사이에 삶이 있다.'는 신념으로 유명 인사들의 무덤 앞에서 그들 모두가 예외 없이 다가오는 죽음 앞에 속수무책이었으며, 두려움과 절망 속에서 심지어는 초라한 모습까지 보여주었다는 것을 발견했습니다. 우리의 일상은 어떠합니까?

1. 인생이라는 무대

B.C. 1,300년경에 있었던 한 실화가 무대에 오릅니다. 컴컴한 어두움을 배경으로 한 무대 위에 막이 서서히 올라갑니다. 그 순간 누군가가 '픽'하며 쓰러지고 있습니다. 가장인 그는 자기가 살던 마을에 흉년이 들자, 가족들을 이끌고 모압으로 이주합니다. 그런데 웬걸 자기가 제일 먼저 '픽'하고 쓰러집니다(룻 1:3). 뒤 이어 큰 아들이 시름시름

앓더니 '픽'하고 쓰러집니다. 둘째도 얼마 않가서 또 '픽'하고 쓰러집니다. 그렇게 남편과 두 아들이 사라졌습니다. 여기서 어떤 희망을 가질 수 있습니까? 그래서 무대는 잿빛입니다. 좌절과 탄식 속에서 어찌할 바를 몰라 주저앉아있는 한 늙은 여인이 보일 뿐입니다. 그런데 저쪽 귀퉁이에서 불어오는 살랑살랑 바람과 함께 들려오는 소리가 있었습니다. "여호와께서 자기 백성을 돌보시사 그들에게 양식을 주셨다 함을 듣고"(룻 1:6). 그 순간 이 여인은 "일어나 모압 지방에서 돌아오려 하여"(룻 1:6). 그녀는 마음에 품은 것으로 그치지 않고, 행동으로 옮깁니다.

모압과 베들레헴 사이에 펼쳐진 길 위에 네 사람이 네 종류의 발자취를 남기고 있습니다. 엘리멜렉은 베들레헴에서 모압으로 발자취를 남기고, 오르바는 베들레헴으로 향했다가 다시 모압으로 돌아갔습니다. 나오미는 남편을 따라 모압으로 갔지만 '듣고' 일어나 베들레헴으로 돌아옵니다. 룻은 원래 모압 여인인데 모압을 과감하게 떠나 베들레헴으로 향합니다. 그 결과 다윗을 낳고, 예수 그리스도를 낳는 위대한 명문가의 축복을 누립니다.

네 사람이 남긴 발자취는 모든 인류들이 남기는 발자취의 샘플입니다. 우리 모두 인생이라는 '길' 위에 있습니다. 여러분은 지금 어떤 발자취를 남기고 있습니까? 첫째, 가장 중요한 것은 방향입니다. 모압으로 가는 길은 넓습니다. 가는 사람이 많습니다(마 7:13). 하지만 베들레헴으로 가는 길은 좁고 협착합니다. 가는 자들이 적습니다(마 7:14). 여러분은 지금 어느 쪽으로 가고 있습니까? 더 큰 문제는 큰 구렁텅입니다(눅 16:26). 이 구렁텅이는 그 누구도 메꿀 수 없고, 해결할 수 없습니다. 그런데 이 구렁텅이를 해결해 주시기 위해 하나님의 아들이신 그분이 육신을 입으시고 내려오셨습니다.

2. 인생이라는 무대에서 만나야 할 예수 그리스도

"내가 곧 길이요 진리요 생명이니 나로 말미암지 않고는 아버지께로 올 자가 없느니라"(요 14:6). 이 분이 바로 예수입니다. 이분이 세상에 오신 것은 자신의 몸으로 구렁텅이를 메꾸어, 길을 만들어 주시기 위해서입니다. 그러므로 새 생명의 길, 예수인 것입니다. 그분이 말씀하십니다. "내가 진실로 진실로 너희에게 이르노니 내 말을 듣고 또 나 보내신 이를 믿는 자는 영생을 얻었고 심판에 이르지 아니하나니…"(요 5:24). 예수를 그리스도로 영접하기만 하면, 하나님의 자녀가 되는 권세를 주십니다(요 1:12). 이 주님을 영접할 때 주님은 친히 구렁텅이를 메꾸어주시고, 길이 되셔서, 우리를 인도하여서 영생에 이르게 하십니다.

그러면 이제 무엇을 해야 할까요? "일의 결국을 다 들었으니 하나님을 경외하고 그의 명령들을 지킬지어다 이것이 모든 사람의 본분이니라"(전 12:13). "한번 죽는 것은 사람에게 정해진 것이요 그 후에는 심판이 있으리니"(히 9:27). 하나님이 우리를 언제 부르실지 알 수 없습니다. 죄 문제를 해결할 수 있는 유일한 길은 예수 그리스도밖에 없습니다.

▶ **학습문제**

(1) **오늘 본문에서 발자취를 남긴 네 사람은 누구입니까?**
　　답: 엘리멜렉, 오르바, 나오미, 룻
(2) **사망과 생명 사이에 있는 구렁텅이를 메꾸어주신 분은 누구입니까?**
　　답: 예수 그리스도

🌿 기도

하나님 아버지, 새 생명의 길 되신 예수님을 더욱 마음에 새기게 하시고, 이 길 되신 주님을 전하는 담대함을 주시옵소서. 예수님 이름으로 기도드립니다. 아멘.

🌿 중보기도

(1) 북한 지하교회에서 신앙생활을 하는 성도들을 지켜주시고, 보호하여 주시옵소서.

(2) 우리나라의 그리스도인들이 삶 속에서 복음을 드러내는 삶을 살게 하옵소서.

▶ 만남의 준비

룻기 1:19~22을 읽고, 새 생명의 길 되신 예수를 묵상해봅시다.

43. 새 생명의 길, 예수(Ⅱ)

성경 : 룻기 1:19-22(암송요절 21절)
찬송 : 515장(통256장), 516장(통265장)
주제 : 하나님께서 외치는 소리, '슈브'를 듣고, 전하는 사람이 되어야 합니다.

우리가 읽은 본문은 모압과 베들레헴 사이에 펼쳐진 길 위에서 있었던 스토리입니다. 모압은 어떤 곳입니까? 하나님의 심판이 임하는 장소입니다(창 19:37). 베들레헴은 작은 고을에 불과했지만, 성경은 이 동네에서 인류의 구원자 예수 그리스도께서 탄생하실 동네임을 예언했습니다(미 5:2). 이렇게 볼 때 그 거리가 70km에 불과하지만, 모압은 하나님의 심판과 저주를 뜻한 반면 베들레헴은 하나님의 축복, 구원을 뜻하는 장소입니다.

이 길 위에 네 사람이 등장합니다. 첫 번째는 엘리멜렉입니다. 그는 베들레헴에 흉년이 들자 베들레헴을 뒤로하고 모압으로 향했습니다. 그런데 그렇게 당당하던 자신이 제일 먼저 생을 마칩니다. 두 번째는 오르바입니다. 그녀는 결혼을 통해 하나님을 알았고, 모압을 떠나 베들레헴으로 가려고 나섰습니다. 하지만 중도에서 포기합니다. 세 번째는 나오미입니다. 그는 남편을 따라 모압으로 왔지만, 남편과 두 아들을 잃었고, 여기에 재물(룻 1:21), 젊음과 건강까지(룻 1:19) 다 잃게 됩니다. 네 번째 인물은 룻입니다. 모압 출신인 이 여인은 결혼을 통해 하나님을 알게 되었습니다. 그런데 남편이 젊은 나이에 갑자기 세상을 떠나 졸지에 혼자가 되었습니다. 네 사람이 걸어가는 이 길 위에서 무슨 일이 분명 있었던 것이 틀림없습니다. 그것이 무엇인지 우리가 생각해야 할 중요한 주제입니다.

1. 인생의 길 위에서 들리는 소리

이제 무대 위에는 모든 것을 다 잃은 노쇠한 여인이 쓰러져 있습니다. 그러던 어느 날 소문을 듣습니다. "그 여인이 모압 지방에서 여호와께서 자기 백성을 돌보시사 그들에게 양식을 주셨다 함을 듣고"(룻 1:6). 그녀는 모압에서 과감히 나오기로 작정합니다(룻 1:7). 그리고 베들레헴으로 향하는 길에 들어섭니다. 모압에서 베들레헴으로 향하는 길 위에서 어떤 소리가 들립니다. 그것은 반복적으로 연속되는 소리였습니다. 어떤 소리입니까? '슈브'라는 단어입니다. 이 '슈브'란 소리가 연속적으로 그 길 위에서 들려옵니다. 우리는 이 소리들을 좀 더 자세히 살펴야 합니다.

①6절-돌아오려 하려(베들레헴). ②7절-돌아오려고(베들레헴). ③8절-돌아가라(모압). ④10절-돌아가겠나이다(베들레헴). 여기까지는 베들레헴으로 가라는 소리가 크고, 강하게 작용합니다. 그러다가 이제 길 중간쯤에 이르렀습니다. 다시 슈브란 소리가 들리기 시작합니다. ⑤11절-돌아가라(모압). ⑥12절-되돌아가라(모압). ⑦~⑧15절-돌아가나니(모압), 돌아가라(모압). ⑨16절-돌아가라(모압). 모압 쪽이 더 강렬하게 끌어당깁니다. 이 큰 소리 앞에 오르바는 돌아가 버렸습니다. 그런데 슈브라는 소리는 계속 들립니다. ⑩21절-돌아오

게 하셨느니라(베들레헴). ⑪~⑫22절－돌아왔는데(베들레헴), 돌아왔더라(베들레헴). 서로의 소리가 팽팽합니다. 이 열두 번의 '슈브' 앞에서 엘리멜렉과 오르바는 '모압'으로 돌아가라고 이해했습니다. 하지만 똑같은 이 슈브를 '베들레헴'으로 돌아가라고 받아들인 나오미와 룻은 예비해 놓으신 복을 받아 누리는 주인공들이 되었습니다.

2. 우리가 들어야 할 하나님의 '신발 소리'

우리 또한 예외 없이 지금 길 위에 있습니다. 우리의 귀에도 '슈브'라는 소리가 들립니다. 하나님은 '신발 소리'로 역사하시는 분이십니다. 나면서부터 맹인이었던 자가 구걸하고 있는데 그에게 예수에 대한 소문이 들렸습니다. 그리고 한참 후에 발자국 소리가 납니다. 그때 그가 외칩니다. "다윗의 자손 예수여, 나를 불쌍히 여기소서." 예수님의 발자국 소리에 반응했을 때, 그의 소원이 이루어졌습니다.

예수께서 길을 우회하시면서 키 작은 삭개오를 위해 신발 소리를 내며 걸어가십니다(눅 19:1). 그리고 돌무화과나무 위 삭개오를 만나십니다. 그때 주님이 말씀하십니다. "오늘 네 집에 구원이 이르렀다"(눅 19:9). 열두 해를 혈루증으로 고생하던 여인에게 소문이 들립니다. 예수에 관한 소문입니다. 이 소문 앞에 여인은 어떻게 반응했습니까? '저분의 옷깃을 한번 만지기만 하여도 내 병이 나을 것이다.' 그 여인은 다가가 옷깃을 만졌고, 그때 고침을 받았습니다. 하나님은 신발 소리를 내시며 우리 곁에 다가오시고, 우리에게 소문을 들려주시며 우리가 어떤 반응을 보이는지 오늘도 주목하고 계십니다. 지금 여러분의 귀에 어떤 소리가 들리고 있습니까? 하나님의 신발 소리가 들리십니까? 주님의 음성이 느껴지십니까? '슈브, 슈브, 슈브'

▶ 학습문제

(1) 베들레헴으로 돌아오라는 '슈브'와 모압으로 돌아가라는 '슈브'는 각각 몇 번입니까?
    답: 각각 6번입니다.
(2) 하나님의 '신발소리'가 의미하는 것은 무엇입니까?
    답: 하나님께로 돌아오라는 '슈브'의 소리입니다.

✽ 기도

하나님 아버지, 내 삶에 끊임없이 들리는 하나님의 신발소리를 듣게 하시고, 이 소리를 전하는 인생이 되게 하여 주시옵소서. 예수님 이름으로 기도드립니다. 아멘.

✽ 중보기도

(1) 복음이 필요한 곳에 복음을 전하는 복음의 불쏘시개가 되게 하옵소서.
(2) 내 안에 구령의 열정을 회복시켜 주셔서 예수님을 전하는 인생을 살게 하옵소서.

▶ 만남의 준비

시편 100:1-5을 읽고 감사에 대해 묵상해봅시다.

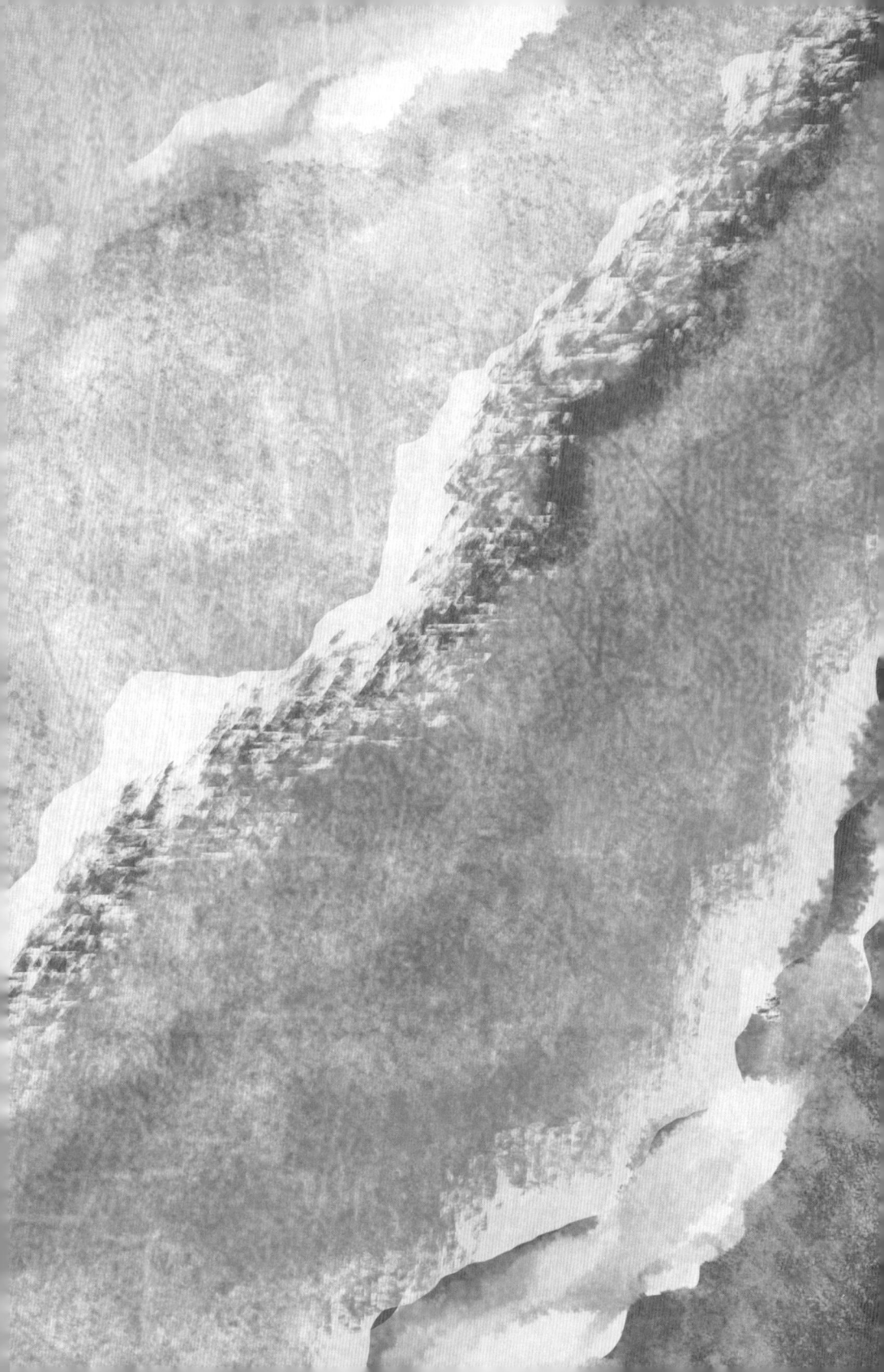

PART 06　　최종인 목사 편

11월
인생을 감사로 물들이는 달

44. 감사하는 시인이 됩시다!(시 100:1-5)
45. 모든 것에 감사하라(살전 5:16-18)
46. 감사하는 한 사람(눅 17:11-19)
47. 감사하는 자가 되라(골 3:15-17)

12월
사람으로 오신 예수님의 달

48. 예수님이 오신 목적(눅 4:16-19)
49. 성육신의 진리(요 1:9-14)
50. 예수 그리스도의 나심(마 1:18-25)
51. 최고의 성탄절(마 2:9-12)
52. 믿음으로 달려가는 새해(히 12:1-2)

44. 감사하는 시인이 됩시다!

> 성경: 시편 100:1-5(암송요절 4절)
> 찬송: 64장(통13장), 587장(통306장)
> 주제: 가을엔 누구나 시인이 되듯 하나님께 감사하는 시인이 됩시다.

시편 100편의 표제는 〈감사의 시〉라고 되어 있습니다. 예배의 찬송입니다. 시인이 즐겁고 감사하는 마음이 커서 발을 구르며 찬양하는 듯 보입니다. 우리도 이 시편 작가처럼 11월에는 모두 감사하는 시인이 되십시오.

1. 찬송의 시를 지어 부릅니다

1절에 "온 땅이여 여호와께 즐거운 찬송을 부를지어다"라고 권면합니다. 세 가지를 성도들에게 요청합니다.

첫째는 온 땅이 찬양하는 것입니다. 하나님을 찬양하는 일은 일부 찬양대원들만 하는 것이 아닙니다. '온 땅' 즉 모든 만물이 여호와께 찬송하는 것입니다. 둘째는 여호와께 찬양 하는 것입니다. 모든 만물의 주이시며 왕이시기에 즐거운 환호로 찬양하는 것입니다. 각자가 하나님께 받은 은혜를 생각하면서 찬송의 시를 지어 불러 이 가을에 찬송의 시로 풍성한 계절이 되게 합시다. 셋째는 즐거운 찬송입니다. '찬송을 부를지어다'는 단순히 곡조에 맞춰 노래하는 것이 아닙니다. 즐거운 마음으로 큰 환호성을 지르는 것입니다. 마치 전쟁에 나가 이기고 돌아오는 왕이 성에 들어올 때 백성들이 왕을 맞이하며 소리를 지르는 것과 같습니다.

2. 기쁨의 시를 지어 부릅니다

2절에서 우리에게 권하는 것이 있습니다. "기쁨으로, 노래하면서" 여호와께 나가라고 합니다. 그 이유가 3절에 있습니다. "여호와가 우리 하나님이시다" "우리는 그의 것" "우리는 그의 백성이며, 그의 양" 이기에 기뻐하는 것입니다. 세상의 사람들도 기쁨에는 큰 유익이 있다고 연구발표를 많이 했습니다. 예를 들면, 웃음은 치료에도 효과가 크다고 주장합니다. 스트레스는 몸에 긴장과 병을 갖게 하는데, 웃고 기뻐할 때 치료의 효과가 있다는 것입니다.

성경에는 기뻐하는 사람들이 많이 등장합니다. 삭개오는 예수님이 부르시자 즐거워하며 영접했습니다(눅 19:6). 어떤 이는 밭에서 천국 보화를 발견하고 기뻐합니다(마 13:44). 사도요한은 성도들이 진리 안에서 행한다는 소식을 듣고 심히 기뻐했습니다(요삼 1:3). 사도바울은 감옥 안에서도 기뻐했습니다(빌 2:17). 우리도 주님을 만나고, 천국을 발견하고, 진리 안에서 행하는 성도들을 볼 때 어떤 환경에서도 기뻐하는 시인이 됩니다.

3. 감사의 시를 지어 부릅니다

　4절에 "감사함으로 그 문에 들어가며"라고 했습니다. 요즘에는 어디를 가든지 입장료를 받습니다. 그리고 아파트 단지에 방문객으로 들어가려면 관리실의 허락을 받는 곳도 많습니다. 터널을 지나려 해도, 다리를 통과해도 통행료를 받습니다. 그러나 하나님께 나아갈 때는 다른 입장료가 필요 없습니다. 암호는 오직 하나입니다. '감사' 이것이면 모든 곳을 패스할 수 있습니다. 시인처럼 하나님이 임재하시는 성전에 들어가며 감사하는 것입니다.

　시인은 계속해서 5절과 같이 노래를 지어 부릅니다. "여호와는 선하시니 그의 인자하심이 영원하다" "그의 성실하심이 대대에 이르리로다" 시편 34:8은, "너희는 여호와의 선함을 맛보아 알지어다" 라고 말씀 하십니다. 여기서 아는 것은 두 가지입니다. 하나는 '지식으로 배워 아는 것', 그리고 '삶으로 체험하여 아는 것'입니다. 시인이 아는 것은 두 번째 것입니다. 우리도 하나님을 체험하였으니 찬양의 노래, 기쁨의 노래 감사의 노래를 지어 부르는 시인이 됩시다.

▶ **학습문제**

　(1) 시인은 어떤 찬송을 부릅니까? (1절)
　　　답: 즐거운 찬송
　(2) 여호와께 찬양할 이유는 무엇입니까? (3절)
　　　답: 우리를 지으셨고, 우리는 그의 백성이요, 그의 양이기 때문이다.

🌿 기도

벌써 11월이 되었습니다. 그동안 엉뚱한 데 시간을 많이 허비했다면 용서하시고 이제는 더욱 감사로 충만한 인생이 되길 소원합니다. 예수님 이름으로 기도드립니다. 아멘

🌿 중보기도

(1) 오랫동안 예배에 나오지 못한 성도들을 위해 중보 기도합니다.
(2) 답답하고 힘들어하는 인생들이 하나님 만나고 예배하도록 기도합니다.

▶ 만남의 준비

데살로니가전서 5:16-18을 읽고 하나님이 우리에게 원하시는 것이 무엇인지 묵상해봅시다.

45. 모든 것에 감사하라

> 성경: 데살로니가전서 5:16-18(암송요절 18절)
> 찬송: 64장(통13장), 587장(통306장)
> 주제: 인생에는 항상 감사꺼리만 있지는 않으나 힘써 모든 일에 감사하며 살아야 합니다.

데살로니가전서 5장에서 사도바울은 성도들이 재림의 소망을 갖고 살기를 원했습니다. 1-11절까지의 말씀으로 재림을 대비하라고 권합니다. 12절부터 끝 절까지는 재림을 기다리는 크리스천의 삶을 세 가지로 소개합니다.

1. 항상 기뻐하라

기쁨은 성령의 열매입니다. 갈라디아 5:22에서 "오직 성령의 열매는 사랑과 희락과 화평과 오래 참음과 자비와 양선과 충성과"라고 하면서 두 번째 열매로 소개한 '희락'이 곧 기쁨입니다. 사도바울은 기쁨을 강조하기 위해 앞에 '항상'이란 부사를 덧붙였습니다. 어떤 환경이나 조건에 상관없이 늘 기뻐하라는 것입니다. 항상 기뻐하려면 주님과 늘 연결되어 있어야 합니다. "나를 믿는 자는 그 배에서 생수의 강이 흘러나리라"(요 7:38)고 하셨는데, 예수님을 믿는 자에게는 영적인 만족이 항상 넘쳐 날 것을 약속하신 것입니다.

사도바울은 빌립보서를 쓸때 로마 옥중에 갇혀 있을 때였습니다. 그럼에도 그는 편지하면서 "주안에서 항상 기뻐하라 내가 다시 말하노니 기뻐하라"(빌 4:4)고 했습니다. 감옥 안에서 어떻게 기뻐할 수 있을까요? 하나님의 섭리를 믿었고, 기쁨의 원천이신 주님을 모시고 살았기 때문입니다.

2. 쉬지 말고 기도하라

이것은 하루 종일 머리를 숙이고 눈을 감은 자세로 있으라는 뜻은 아닙니다. 쉬지 말고 기도문을 말하라는 것을 의미한 것이 아니라, 항상 하나님을 의식하며 하나님의 뜻을 찾으며 살라는 것입니다. 주일 예배를 드릴 때에는 하나님의 영의 충만함으로 걱정 없이 살 것 같은데, 월요일이 되면 갑자기 걱정과 두려움과 낙심과 분노로 돌아설 때가 있습니다. 이런 경우에는 의식적으로, 모든 생각을 기도로, 그리고 모든 기도를 감사로 바꿔야 합니다. "다만 모든 일에 기도와 간구로, 너희 구할 것을 감사함으로 하나님께 아뢰라"(빌 4:6)고 명령합니다.

그는 골로새 교회의 신자들에게 "기도를 계속하고 기도에 감사함으로 깨어 있으라"(골 4:2)고 가르쳤습니다. 모든 두려운 상황과 염려스러운 생각, 불안한 마음이 들거든, 다른 생각보다 가장 먼저 기도로 반응해야 합니다.

3. 범사에 감사하라

　지금도 많은 성도들이 감사헌금을 드릴 때 "범사에 감사"라는 글을 적어 봉헌합니다. 모든 일에 감사하여 드린다는 의미일 것입니다. 그러나 모든 일에 감사는 말처럼 쉬운 일은 아닙니다. 살다보면 불평이나 불만, 짜증나는 일이 기분 좋은 날보다 훨씬 많습니다. 그럼에도 성경은 모든 상황에서 감사하는 것이 하나님의 뜻이라고 가르칩니다.

　사람들은 상황 때문에 감사합니다. 그러나 성도들은 상황을 초월하여 예수 그리스도를 이 땅에 보내어 주시고, 우리 죄를 위해 돌아가게 하시고, 우리를 구속하신 그 은혜를 인하여 감사하는 것입니다. 그래서 "그리스도 예수 안에서" 감사하는 것이 하나님의 뜻, 하나님의 소원이라고 하십니다.

　2022년 한 해를 보내면서 우리는 많은 사건과 어려운 일들을 경험했습니다. 사랑하는 사람이 떠나기도 하고, 실패하기도 하고, 아프기도 하고, 상처를 받는 등 좋은 일보다는 어려운 일이 많았습니다. 그러나 바울 사도의 권면을 따라 살아야 하겠습니다. 그것이 크리스천의 삶의 방식이기 때문입니다. 기뻐하고, 기도하고, 감사하라.

▶ **학습문제**

(1) 세 가지 권면이 무엇인지 다시 정리해 보십시오.
　　답: 항상 기뻐하라, 쉬지 말고 기도하라. 범사에 감사하라.
(2) 세 가지 권면 중에서 가장 실천하기 어려운 것은 무엇입니까?
　　답: 각자가 답을 말해 보십시오.

🌿 기도

짧게 생각하면 화가 나고, 속상하고, 괴롭습니다. 그러나 크게 생각하면 이 상황도 하나님이 주장하시니 참고 기뻐하고 감사하며 살겠습니다. 예수님 이름으로 기도드립니다. 아멘

🌿 중보기도

(1) 간병하는 가정, 육아하는 가정이 매우 힘이 듭니다. 그들을 위해 기도하게 하소서.
(2) 성도들은 사업장에서 정신적, 육체적 스트레스를 경험합니다. 중보기도 합니다.

▶ 만남의 준비

누가복음 17:11-19을 읽고 진정한 감사는 어떤 것인지 묵상해봅시다.

46. 감사하는 한 사람

> 성경: 누가복음 17:11-19(암송요절 15,16절)
> 찬송: 471장(통528장), 320장(통350장)
> 주제: 산마다 단풍 빛으로 물들었으니, 성도들 인생을 감사로 물들여야 합니다.

나병환자(한센 병자) 열 명이 주님을 만나 고침을 받았습니다. 그러나 하나는 감사하려고 돌아왔지만, 나머지 아홉은 그냥 떠나고 말았습니다. 주님은 돌아온 사마리아 출신의 나병환자에게 물었습니다. "아홉은 어디 있느냐?" 주님은 지금도 감사하는 자를 찾으십니다.

1. 시련을 감사하라

예수께서 한 마을에 들어가셨을 때에 마침 열 명의 나병환자들이 주님을 보고 멀리서 외칩니다. "예수 선생님이여 우리를 불쌍히 여기소서" 유대 율법에 의하면 나병환자들은 마을에서 가족과 함께 살지도 못합니다. 다른 사람에게 가까지 가는 것을 금지합니다. 혼자 살되 진영 밖에서, 즉 마을 밖에서 살아야 합니다(레 13:46).

나병환자들처럼 우리에게 문제가 있고, 시련이 있을 때 주님을 찾아 간구해야 합니다. 예수님을 만나는 때는 좋은 환경이나 편안한 때가 아니라 시련의 때일 경우가 많습니다. 당장에 시련은 우리를 힘들게 하지만, 도리어 하나님을 만나고, 주님을 찾게 되니 감사해야 합니다. "하나님은 우리의 피난처요 힘이시니 환난 중에 만날 큰 도움이시라"(시 46:1).

하나님은 '환난 중에 만날 도움'입니다. 우리들 역시 많은 환난이나 시련을 만나게 됩니다. 교통사고를 만나기도 하고, 사업에 실패하기도 하고, 암 선고를 받기도 하고, 사별이나 이별의 아픔을 겪기도 합니다. 그러나 그때는 바로 '하나님을 만나는 때'입니다. 주님께 나아오십시오.

2. 고치심을 감사하라

나병환자들의 외침을 듣고 주님이 고쳐 주셨습니다. "가서 제사장들에게 너희 몸을 보이라 하셨더니 그들이 가다가 깨끗함을 받은지라" 나병환자들은 어떻게 고침을 받았습니까? 세 가지 비결이 있습니다.

첫째는 주님 만난 것입니다. 많은 세월동안 병원을 찾고 특효약을 찾았을 것입니다. 그러나 다 소용 없었습니다. 바로 오늘, 주님을 만났을 때 고침 받았습니다. 질병과 고난의 사람들은 주님을 만나야 합니다. 둘째는 주님께 외친 것입니다. 주님이 다 아신다면서 기도하지 않는 성도들도 있습니다. 성경은 기도할 때 응답을 약속하십니다. "너는 내게 부르짖으라. 내가 네게 응답하겠고 네가 알지 못하는 크고 비밀한 일을 네게 보이리라"(렘 33:3). 셋째는 순종한 것입니다. 주님 말씀 듣고 모두 제사장들에게 갑니다. 그리고 깨끗하게 된 것을 발견합니다. 순종은 응답의 비결입니다. 말씀을 듣고 순종할 때 응답됩니다.

3. 감사하는 한 사람

오늘 본문에 나병환자들의 치유 이야기가 실린 이유는 무엇일까요? 병자들이 주님을 만나 고침 받았다는 단순한 치유기사가 아닙니다. 핵심은 '감사'에 있습니다. 본문에서 특이한 몇 가지를 보게 됩니다.

첫째는 열 명의 나병환자 가운데 '하나만' 돌아와 감사했습니다. 그만큼 감사하는 사람이 적다는 것을 알려줍니다. 우리도 감사를 잊고 살지는 않는지요? 열 명중의 한 사람처럼 우리도 감사하는 한 사람이 됩시다. 둘째로 돌아와 감사하는 사람은 '사마리아 사람'이었습니다. 누가는 유독 이 사건을 기록하면서 이방인들이 유대인들 보다 감사에 앞선다는 것을 강조합니다. 경건했다고 자부하는 유대인이 아니라 당시에 멸시받았던 이방인 사마리아 사람이 감사했습니다. 셋째는 치유뿐 아니라 구원도 받았습니다. 주님은 그에게 말씀하십니다. "일어나 가라 네 믿음이 너를 구원하였느니라". 감사하는 자에게 '네 믿음'이라고 말씀하십니다. 진정한 감사는 평소의 성격이나 인품이 아니라 믿음이 있어야 가능합니다. 감사하는 믿음이 있습니까?

▶ **학습문제**

(1) 나병환자들이 주님께 무엇을 요청합니까?
   답: 예수 선생님이여 우리를 불쌍히 여기소서.
(2) 열 명의 나병환자들 중에서 돌아온 사람은 누구입니까?
   답: 사마리아 사람

🌿 기도

감사는 누구나 하는 쉬운 행동인줄 알았습니다. 그러나 주님 말씀을 듣고 보니 감사하는 것도 믿음인 것을 알았습니다. 늘 감사하는 믿음을 갖기 원합니다. 예수님 이름으로 기도드립니다. 아멘.

🌿 중보기도

(1) 육신의 질병, 정신적 질병, 영혼의 질병을 갖고 있는 성도들을 위해 기도합니다.
(2) 이 땅의 의료진들과 병원들과 보건 당국을 위해 중보기도 합니다.

▶ 만남의 준비

골로새서 3:15-17을 읽고 주님의 명령이 무엇인지 묵상해봅시다.

47. 감사하는 자가 되라

성경: 골로새서 3:15-17(암송요절 17절)
찬송: 425장(통217장), 428장(통488장)
주제: 감사하기 어려운 때이나 말씀은 우리에게 명령합니다.
'감사하는 자가 되라'

세 가지 유형의 감사가 있습니다. 첫째는 만약의 감사입니다. 만약 내게 무언가 이루어진다면 감사하는 것입니다. 둘째는 때문에 감사입니다. 무엇 때문에, 무엇을 주셨기에 감사하는 것입니다. 셋째는 그럼에도 불구하고 감사입니다. 내 삶이 마음대로 되지 않고 험한 길로 가고 있어도, 주님을 신뢰하면서 무조건 감사하는 것입니다.

1. 감사하는 자가 되라

사도 바울의 권면을 읽었습니다. 1세기 바울 사도가 활동했던 시기의 골로새 지역은 매우 복잡한 사정이 있는 장소였습니다. 고대의 쇠퇴기 상업도시였습니다. 유대교 율법주의자들의 도전을 받았습니다. 에베소와 마찬가지로 유대-헬라의 종교적 혼합주의 영향을 많이 받았습니다. 영지주의로 알려진 이단이 교회를 어지럽혔습니다. 바울 사도는 이런 골로새 지역의 성도들에게 복음을 가르치면서 15절에서 "감사하는 자가 되라"고 명령했습니다.

　사도 바울은 위대한 스승이며 코치입니다. 각 교회와 대상의 형편에 맞춤형 지도를 하는 센스가 있는 분이기도 합니다. 지금 골로새교회에는 부드러운 권면이나 부탁이 통하지 않다는 것을 잘 알았기에 명령조로 권고 하는 것입니다. 어쩌면 이 시대 우리에게도 필요한 명령이며 권고입니다. 불평불만을 가진 사람들은 어느 조직에서나 환영하지 않습니다. 오히려 작은 일에도 감사하는 사람들이 인정받고 대우를 받습니다. 항상 감사하는 자가 되십시오.

2. 감사의 마음을 가지라

『소망을 이루어 주는 감사의 힘』이란 책이 있습니다. 책의 부제는 '감사는 파동이고 힘이며 에너지다'라고 붙여놓았습니다. 책에서는 감사하는 마음이 우리 자신의 삶과 사랑하는 사람, 일 등 모든 행동에서 최대의 효과를 발휘하게 만드는 힘이 있다고 주장합니다. 감사는 협력을 촉진하고, 사랑을 회복시킨다고 합니다. 관계를 치유하는 최고의 약은 감사라고 했습니다. 오늘의 성경도 감사를 가르칩니다. 사도 바울은 16절에서 "감사하는 마음으로 하나님을 찬양하고"라고 권면합니다. 나에게 은혜 주시고 구원하신 하나님께 감사하는 마음으로 찬양하는 것은 당연합니다. 찬양뿐 아니라 사람들과 만나고 대화할 때 감사의 마음을 가져야 관계가 좋아집니다.

　우리 동네에 제법 넓은 강이 있습니다. 주변 공장에서 폐수가 흘러 물고기가 살기 어려웠습니다. 어느 때부터 공장 폐수를 정화시켰습니다. 지하수 깨끗한 물을 흘려보냈습니다. 이제는 많은 물고기들이 헤

엄치며 노는 강물이 되었습니다. 이처럼 감사하는 마음은 부정적인 생각과 습관을 정화시켜 줍니다.

3. 무엇이든지 감사 하라

　사도 바울은 17절에서 "또 무엇을 하든지 말에나 일에나 다 주 예수의 이름으로 하고, 그를 힘입어 하나님 아버지께 감사하라"라고 권면합니다. 누구에게나 똑같이 하루 24시간이 주어졌습니다. 주어진 하루를 어떻게 보내느냐에 따라 하루가 달라지고 결국 인생이 달라집니다. 우리 앞에 세 가지 옵션이 있습니다.

　첫째는 불평하면서 사는 것입니다. "행복은 감사의 문으로 와서 불평의 문으로 나간다"는 격언이 있습니다. 감사하면 행복합니다. 불평하면 행복이 떠납니다. 둘째로 무의식적으로 사는 것입니다. 불평하지는 않지만, 그렇다고 감사하지 않으며 자신의 일만 하며 사는 사람들도 있습니다. 본인은 편안하지만 다른 사람에게 유익이 되지 않습니다. 셋째로 감사하며 사는 것입니다. 코로나19 사태를 겪으면서 전염의 확장성을 확인했습니다. 한 사람만 감염되어도 온 집안이나 사무실, 교회가 감염되는 것을 보았습니다. 감사도 감염됩니다. 한 사람만 감사해도 주변이 환해집니다.

▶ **학습문제**

　(1) 우리 마음을 주장하게 할 것은 무엇입니까?
　　답: 그리스도의 평강

(2) 하나님을 찬양할 때 가질 마음은 무엇입니까?
　　답: 감사하는 마음

기도

평생 감사드려야 마땅한 하나님 아버지, 제가 받은 은혜와 사랑이 너무 귀하고 큰 것임을 깨닫지 못하고 불평과 만족하지 못한 삶을 살아왔음을 회개합니다. 언제 어디서나 무엇을 하든지 감사하는 인생이 되길 간절히 소원합니다. 예수님 이름으로 기도드립니다. 아멘.

중보기도

(1) 교회의 연말 행사들을 위해 기도합니다.
(2) 교회학교의 교사들과 학생들을 위해 기도합니다.

▶ 만남의 준비

누가복음 4:16-19을 읽고 주님이 이 땅에 오신 목적을 묵상해봅시다.

48. 예수님이 오신 목적

> 성경: 누가복음 4:16-19(암송요절 18절)
> 찬송: 84장(통96장), 287장(통205장)
> 주제: 예수 그리스도께서 이 땅에 오신 목적을 정확하게 알고
> 전해야 합니다.

예수님은 고향인 나사렛에서 회당을 찾아가셨습니다. 회당장이 준 성경을 찾아 읽으셨는데 이사야 61:1-2 말씀이었습니다. 읽으신 후 "이 글이 오늘 너희 귀에 응하였느니라"고 선언하십니다. 주님이 오신 목적이 본문에 있습니다.

1. 가난한 자에게 복음을 전하게 하시려고

아담과 하와가 죄를 범한 이후 인생들은 모두 마음의 평강을 잃고 기쁨과 소망을 잃어버린 가난하고 불쌍한 자들이 되었습니다. 영적으로나 육적으로 메마르고 힘겨운 인생이 되었습니다. 주님은 이런 인생들에게 복음을 전하기 위해 오셨습니다. 그리고 믿는 자에게 회복을 약속하셨습니다.

본문에서 "가난한 자"는 복음이 필요한 사람들입니다. 자신이 육적

으로 부자이며 넉넉하다 여길지라도 심령이 겸손하고 하나님의 말씀에 갈급한 영적으로 가난한 자입니다. 진정한 복음은 이런 가난하다 여기고 주께 나오는 자에게 주어집니다. 주님은 "심령이 가난한 자는 복이 있나니 천국이 그들의 것"(마 5:3)이라고 선포하셨습니다.

2. 포로와 눌린 자에게 자유를 주시려고

주님이 육신의 모습으로 이 땅에 오신 목적은 포로 된 자들과 눌린 자들에게 자유를 주시기 위함입니다. 어떤 이들은 죄 때문에 포로 됩니다. 어떤 이들은 중독이나 정신적 압박 때문에 눌리고 삽니다. 어떤 이들은 자신이 처한 환경 때문에 포로 되고 눌려 살고 있습니다. 매일매일이 힘들고 버거운 인생들이 수 없이 많이 있습니다. 바로 그런 인생들을 위해 주님이 오신 것입니다.

2차 세계대전 당시, 필리핀 루방 섬에 주둔하던 일본군 오노다 히로라는 장교가 있었습니다. 1945년 연합군이 루방 섬을 점령하자 오노다는 정글 깊숙이 들어가 숨었습니다. 오노다는 2차 대전이 끝났다는 것을 인정하지 않고 1974년 어느 탐험가 교수에 의해 발견될 때까지 29년 동안 정글에서 군복을 입은 채 홀로 지냈습니다. 스즈키 노리오 교수가 찾아가 그를 설득하자 결국 일본으로 돌아옵니다. 그동안 많은 이들이 전쟁이 끝났다는 좋은 소식을 아무리 전해주어도 믿지 않았던 패잔병 오노다 이야기는 오늘 복음을 믿지 않는 현대인들과 같습니다. 예수께서 우리를 구원하시려고 오셨다는 성탄이 바로 복음입니다.

3. 눈 먼 자에게 다시 보게 함을 전파하시려고

인생들은 두 가지 시력을 갖고 삽니다. 하나는 보통 시력, 육적 시력으로 주변의 현상들을 보는 것입니다. 다른 하나는 하나님을 보는 영적 시력입니다. 이것은 믿는 자만이 소유하게 됩니다. 아무리 육적 시력이 좋아 렌즈나 안경을 쓰지 않고 불편 없이 살고 있어도, 대부분의 사람들은 영적 시력이 거의 없습니다. 그래서 하나님을 볼 수 없고, 하나님의 위대한 일도 깨닫지 못합니다. 예수님은 그런 눈먼 자를 다시 보게 하시려고 이 땅에 오신 것입니다.

요한복음 1:5에 "빛이 어두움에 비치되 어둠이 깨닫지 못하더라"고 했습니다. 빛은 예수 그리스도를 가리키는 것입니다. 그 빛 된 주님을 깨닫지 못하는 자들이 영적으로 보지 못하는 자들입니다. 주님은 그런 영적 시각 장애자들을 위해 이 땅에 오신 것입니다. 우리는 나사렛 회당에서 읽으시고 선포하신 주님의 말씀을 기억하면서 예수님 오신 목적을 분명히 알아야 하겠습니다.

▶ **학습문제**

(1) 주님은 회당에서 어떤 성경을 찾아 읽으셨습니까?
　　답: 이사야의 글
(2) 성령께서 기름 부은 목적이 무엇입니까?
　　답: 가난한 자에게 복음을 전하게 하시려고

🌱 기도

우리를 죄의 몸, 사망의 몸에서 구원해 내실 분은 우리 주 예수 그리스도 한 분밖에 없습니다. 우리는 스스로 나를 변화시킬 수 없습니다. 오직 예수님만이 사람을 변화시킬 수 있습니다. 나를 변화시키시려고 이 땅에 오신 주님을 찬양합니다. 예수님 이름으로 기도드립니다. 아멘.

🌱 중보기도

(1) 12월을 잘 보내고 새해를 준비하도록 기도합니다.
(2) 올해의 교회 표어를 기억하면서 표어대로 이루어지도록 교회를 위해 기도합니다.

▶ 만남의 준비

요한복음 1장을 거듭 읽고, 특히 1:9-14을 읽고 성육신하신 주님을 묵상해봅시다.

49. 성육신의 진리

> 성경: 요한복음 1:9-14(암송요절 12절)
> 찬송: 31장(통46장), 201장(통240장)
> 주제: 하나님이 인간의 몸으로 이 땅에 오신 '성육신'의 진리를 배워야 합니다.

'성육신'이란 기독교의 신학적 용어로 하나님이 인간이 되신 것을 의미합니다. 즉 하나님이신 예수께서 이 땅에 오신 것을 성육신이라고 부릅니다. 요한복음 1장은 성육신의 진리를 잘 알려줍니다. 주님은 빛으로 오셨고(4절), 말씀이 되어 오셨고(1절), 은혜와 진리(14절)로 오셨습니다.

1. 참 빛으로 오신 주님

한 밤중에는 깜깜하여 사방을 분간하기 어렵습니다. 태양이 없어서가 아니라 우리가 사는 지역이 태양을 등지고 있기 때문입니다. 아침이 되어 태양빛을 받고 구름이 걷히면 다시 밝아집니다. 영적 진리도 마찬가지입니다. 빛 되신 주님을 등지고 사는 인생들은 언제나 어둡고 깜깜합니다. "참 빛 곧 세상에 와서 각 사람에게 비취는 빛이 있었나니"(9절). 누구든지 주님을 영접하면 그는 당장 한밤중의 사람이 아니라 한낮의 사람이 됩니다.

예수께서 길을 가실 때 날 때부터 맹인된 사람을 보셨습니다. 그때 주님은 "내가 세상에 있는 동안에는 세상의 빛이로다"하시며 그 사람의 눈을 떠서 보게 해주셨습니다(요 9:5). 이처럼 주님이 성육신 하신 이유는, 참 빛이 되셔서 누구든지 주님 만나는 인생들은 새롭게 눈을 뜨고 밝히 보게 하십니다.

2. 하나님의 자녀 되게 하시는 주님

"영접하는 자 곧 그 이름을 믿는 자들에게는 하나님의 자녀가 되는 권세를 주셨으니"라고 했습니다(12절). 주님의 성육신하신 이유는 우리들을 하나님의 자녀 되게 하시려는 것입니다. 예전에 우리는 하나님의 피조물일 뿐이었습니다. 그런데 죄를 지음으로 말미암아 죄의 종으로 타락했습니다. 예수님께서 이 세상에 오심으로 죄인인 우리를 하나님의 자녀로 바꾸어 주신 것입니다.

예수님을 영접하는 것은 매우 중요하고 또 쉽습니다. 첫째는 주님을 신뢰하는 것입니다. 위험해 보이지만, 기차나 항공기를 타고나서 잠이 들듯이 주님께 내 인생 전부를 맡기는 것입니다. 둘째는 나는 죄인이며 하나님의 도움이 필요하다는 것을 인정하는 것입니다. 모든 사람은 죄인이며 하나님의 영광에 이르지 못합니다(롬 3:23). 셋째는 죄를 인정하고 회개하는 것입니다. 회개는 돌아서는 것을 말합니다. 회개하지 않으면 망합니다(눅 13:5). 넷째는 내 인생에 주님을 초대하는 것입니다. 주의 이름을 부르는 자는 구원을 받습니다(롬 10:13). 이 네 가지를 지금 가족들과 친구들에게 소개하십시오. 모두 하나님의 자녀가 될 것입니다.

3. 은혜와 진리로 오신 주님

　은혜란 받을 자격이 없는 자에게 좋은 것을 거저 주는 것입니다. 은혜는 세 가지 특징이 있습니다. 첫째는 악한 사람에게도 주어진다는 것입니다. 둘째는 좋은 일이나 선한 일을 하는 공적과 관계없이 주어집니다. 셋째는 의무나 대가 없이 주어지는 것이 은혜입니다. 하나님께서 은혜 주실 때는 누구에게나, 행위와 상관없이, 대가를 바라지 않고 주십니다. 제일 큰 은혜는 예수님입니다. 성육신 하신 예수님 때문에 죄인인 우리가 하나님의 자녀 되는 은혜를 받았습니다.

　주님이 성육신하신 다른 이유는 진리를 보여주시기 위해서입니다. 그래서 바울 사도는 로마서 5:8에서 "우리가 아직 죄인 되었을 때 그리스도께서 우리를 위하여 죽으심으로 하나님께서 우리에게 대한 자기의 사랑을 확증하셨느니라"고 했습니다. 성육신하시고 우리를 위해 돌아가신 주님은 희생하심으로 사랑의 진리를 말이 아니라 몸으로 직접 보여주셨습니다.

▶ **학습문제**

　(1) 빛으로 오신 주님은 누구에게 빛을 비추십니까?
　　　답: 세상에 와서 각 사람에게
　(2) 세상에 왔으나 세상은 주님을 어떻게 대합니까?
　　　답: 영접하지 않는다.

🌱 기도

기독교의 가장 중요한 진리, 성육신에 대해 정확하게 알고 배우게 하시니 감사합니다. 빛으로 오신 주님, 하나님의 자녀가 되게 하시는 주님, 은혜와 진리가 되시는 주님만 언제나 따라가겠습니다. 예수님 이름으로 기도드립니다. 아멘.

🌱 중보기도

(1) 12월 추위에 소외된 이웃들과 성도들을 위해 중보하면서 기도합니다.
(2) 연말 행사와 교회 미래 계획들이 잘 수립되도록 기도합니다.

▶ 만남의 준비

마태복음 1:18-25을 읽고 예수님 탄생의 배경을 묵상해봅시다.

50. 예수 그리스도의 나심

> 성경: 마태복음 1:18-25(암송요절 23절)
> 찬송: 98장, 619장
> 주제: 세상에서 가장 큰 뉴스 '예수 그리스도의 탄생'을 전해야 합니다.

예수 그리스도의 탄생 사건은 어느 날 갑자기 일어난 일이 아닙니다. 구약에서 예언한 말씀을 따라 마치 톱니바퀴가 맞물려 돌아가는 것처럼 시간과 장소와 인물과 배경이 하나도 오차 없이 성취되었습니다. 마태복음 1장은 예수님의 족보와 함께 예수께서 어떻게 탄생했는지 정확하게 알려줍니다.

1. 성령으로 잉태(18절)

마리아는 요셉과 정혼한 뒤 성령으로 잉태된 것이 나타났습니다. 약혼자였던 요셉은 의로운 사람이어서 이 사실을 알고 조용히 파혼하려 했습니다(19절). 그러나 주의 사자가 나타나 "다윗의 자손 요셉아 네 아내 마리아 데려오기를 무서워하지 말라 그에게 잉태된 자는 성령으로 된 것이라"고 전해 주었습니다(20절).

만약 예수님이 보통 인간처럼 태어났다면 아담의 원죄를 이어받아 죄인으로 탄생했을 것입니다. 그렇다면 그 역시 죄인이기에 죄를 대속할 수 없고 다른 사람을 위해 죽으실 수 없었습니다. 하나님은 초월적인 방법으로 예수님이 나게 하셨습니다. 삼위 하나님의 역사입니다.

첫째는 성부 하나님은 죄인 된 인생들을 구원하시려고 인간이 되시려고 계획하셨고, 아들 예수님을 보내어 주셨습니다. 둘째로 성자 예수님은 인간의 몸을 입고 이 땅에 오셔서 참 구주가 되셨습니다. 셋째로 성령 하나님은 예수 그리스도의 탄생에 개입하심으로 죄와 상관없이 오시게 하셨습니다. 놀라우신 하나님의 섭리입니다.

2. 죄에서 구원할 자(21절)

"아들을 낳으리니 이름을 예수라 하라" 예수라는 이름은 '구원자'라는 의미를 갖고 있습니다. 오래 신앙생활을 한 사람들도 '예수' 이름의 뜻을 물으면 모른다고 합니다. 마태는 예수님의 이름을 소개하면서, 그 뜻도 설명해 주었습니다. '구원자'란 것입니다.

첫째, 예수님은 피로 속죄하심으로 죄에서 구원하시는 분입니다. "염소와 송아지의 피로 아니하고 오직 자기 피로 영원한 속죄를 이루사 단번에 성소에 들어가셨느니라"(히 9:12). 둘째, 모든 환난에서 구원하시는 분입니다. 마태복음 8:23-27에 보면, 제자들이 배를 타고 갈릴리 호수를 건널 때 큰 풍랑을 만나 죽게 되었습니다. 그 때 예수님이 바람과 바다를 잔잔하게 하심으로 모두 구원받았습니다. 셋째, 질병에서도 구원하십니다. 마태복음 4:23-25을 보면, 예수님께서 모든 병에 걸린 사람들을 고쳐주셨습니다. 넷째, 죽음에서 구원하시는 분입니다. "너희의 허물과 죄로 죽었던 너희를 살리셨도다"(엡 2:1). "죄의

삯은 사망이요 하나님의 은사는 그리스도 예수 우리 주 안에 있는 영생이니라"(롬 6:23). 예수님은 우리의 진정한 구원자이십니다.

3. 임마누엘(23절)

예수님이 이 땅에 오신 것은 어느 날 갑자기 이루어진 게 아닙니다. 하나님은 아담이 에덴동산에서 쫓겨날 때부터 계획을 가지고 계셨습니다. '임마누엘'이라는 이름은 "그러므로 주께서 친히 징조로 너희에게 주실 것이라 보라 처녀가 잉태하여 아들을 낳을 것이요 그 이름을 임마누엘이라 하리라"(사 7:14)라고 이미 이사야가 예언하였습니다. 임마누엘은 '함께 하신다'는 뜻입니다.

육신을 입고 이 땅에 오신 임마누엘 예수님은 구원자로 우리 곁에 오셨습니다. 요한복음 3: 17에 "하나님이 그 아들을 세상에 보내신 것은 세상을 심판하려 하심이 아니요 그로 말미암아 세상이 구원을 받게 하려 하심이라"고 했습니다. 누구든지 이 땅에 오신 예수 그리스도를 구주로 믿고 영접하면 구원을 받는 것입니다.

▶ **학습문제**

(1) 예수님 탄생의 최고의 비밀은 무엇입니까?
  답: 성령으로 잉태된 것
(2) 예수 이름의 뜻은 무엇입니까?
  답: 자기 백성을 그들의 죄에서 구원할 자

🌱 기도

하나님의 놀라우신 사랑으로 말미암아 예수 그리스도께서 이 땅에 오신 성탄의 놀라운 비밀을 찬양합니다. 올해는 이 성탄의 소식이 널리 펴져 나가기를 소망합니다. 구주 예수님 이름으로 기도드립니다. 아멘.

🌱 중보기도

(1) 전후방 벽오지에서 나라를 위해 충성하는 군인들을 위해 중보하면서 기도합니다.
(2) 세계 각지의 선교지에서 성탄절을 맞는 선교사들을 위해 기도합니다.

▶ 만남의 준비

마태복음 1:18-25을 읽고 예수님 탄생의 배경을 묵상해봅시다.

51. 최고의 성탄절

> 성경: 마태복음 2:9-12(암송요절 12절)
> 찬송: 108장(통113장), 116장(통116장)
> 주제: 아무리 어렵고 힘든 때에도 성탄절은 인생 최고의 명절이 어야 합니다.

영국 브리스톨대학교의 닐루퍼 아메드(Dr. Nilufar Ahmed) 교수는 "특정한 시기에 특정한 일을 하는 것, 즉 의식을 치르는 것은 우리 삶을 예측 가능하며 체계적으로 만들어 준다. 이런 일들은 우리 내부의 불안감을 줄여주는 매우 중요한 역할을 한다"라고 했습니다. 성탄절에 트리를 장식하거나 찬양을 부르는 것, 온 가족들이 모이는 것은 정서적으로 연결되게 하고 정신건강에 유익합니다.

1. 아기 예수를 찾아감(9절)

최고의 성탄절은 주인공을 만나는 것입니다. 동방에서 온 박사들은 멀리서부터 별을 보고 찾아와 아기 예수를 만났습니다. 미국의 백화점들은 추수감사절에서 성탄절까지 매출액이 1년 매출의 25%에서 많으면 40%까지 이른다고 합니다. 그만큼 연말의 절기는 중요해졌습니다. 또 가정에서 성탄절이 되면 가족들의 선물비로 상당부분 지출이 됩니다. 그러나 성탄절의 주인공은 상점이나 아이들이 아닙니다. 주인공은 바로 예수 그리스도입니다.

 우주과학이 발달하기 전에 고대 페르시아에서는 별자리를 관측함으로써 땅에서 일어나는 일들을 예측할 수 있다는 점성술이 유행했습니다. 특히 위대한 인물이 탄생할 때에는 하늘에도 새로운 별이 나타나서 큰 빛을 비추리라는 학설이 있었습니다. 동방 박사들도 그러한 점성술에 따라 밤하늘의 별자리를 관측하다가 큰 빛을 내는 별이 새로 나타난 것을 보고, 그 빛을 따라서 아기 예수를 찾아 경배하러 왔습니다. 최고의 성탄절은 동방의 박사들처럼 주님을 찾아가 만나는 것입니다.

2. 매우 크게 기뻐하고 기뻐하더라(10절)

 동방에서 온 박사들은 앞서 인도하던 별이 아기 있는 곳을 비춰주었을 때 크게 기뻐했습니다. 성탄절은 인류에게 구원과 생명을 주시려고 이 땅에 구주가 나신 날입니다. 교회와 성도들은 이 날을 크게 기뻐하고 기뻐해야 합니다. 세상은 성탄절 특수를 누리기 위해 관광지마다 불을 밝히고 사람들을 초청합니다. 백화점과 유명 식당들은 엄청난 예산을 들여 건물 외부에 장식을 합니다. 그런데 오히려 교회는 절전해야 한다고 성탄 장식을 줄입니다. 밖으로 보이는 행사보다 의미가 더 중요하다고 오히려 조용히 지내자는 사람들도 있습니다.

 큰 질병에 걸린 사람들은 대학병원을 찾아 비싼 돈을 치루면서도 특진 의사를 찾습니다. 그리고 몇 달씩 걸려서라도 명의를 만나 진료 받으려고 합니다. 반대로 건강한 사람들은 대학병원에 찾아갈 일도 없고 유명 의사를 만나는 일에 흥미가 없습니다. 구원의 참 의미를 모르는 이들에게 성탄절은 흥미가 없을지 모릅니다. 그러나 나를 구원하신 은혜를 아는 사람들은 성탄절이 보통날일 수 없습니다.

3. 보배합을 열어 예물로 드리더라(11절)

동방에서 온 박사들의 경배는 우리에게 많은 도전을 줍니다. 첫째, 그들은 주인공을 만나려는 열정이 있었습니다. 그래서 쉽지 않은 여정이지만, 먼 길을 별만 보고 찾아온 것입니다. 둘째, 방해와 도전을 이기고 온 것입니다. 중간에 예루살렘에 들러 헤롯왕과 신하들을 만났으나 아무런 도움이 되지 못했습니다. 도리어 정보를 얻어 메시아를 죽이려 했습니다. 셋째, 예물을 준비한 것입니다. 그 먼길을 찾아오면서 준비한 예물로 황금과 유향과 몰약을 드렸습니다.

세 가지 예물은 왕에게 황금을, 하나님의 아들에게 유향을, 죽으실 분에게 몰약을 드린다는 의미가 있습니다. 오늘날 성도들은 편리주의에 빠져 편안하게 경배하려 합니다. 찬양도 음악으로 대신하고, 경배팀도 영상으로 대신하고, 축하도 유튜브 동영상으로 하고, 헌금도 신용카드로 간단하게 드리는 경향이 있습니다. 최고의 성탄절은 어떤 방법으로든지 거기에 시간과 물질과 마음의 헌신이 포함되어야 합니다. 금년이 그런 절기되기 바랍니다.

▶ 학습문제

(1) 박사들을 인도한 것은 무엇입니까?
　　답: 별
(2) 박사들이 아기 예수께 경배하며 드린 것은 무엇입니까?
　　답: 황금, 유향, 몰약

❋ 기도

　하나님, 동방에서 아기 예수님을 찾아온 박사들의 행동을 보면서 부끄러움을 많이 느낍니다. 편안하게 성탄절을 보내려 했던 안일함을 지워주시고 최고의 성탄절을 보내도록 다시 깨어 일어나게 해주십시오. 예수님 이름으로 기도드립니다. 아멘.

❋ 중보기도

(1) 외로운 가정과 혼자 지내는 성도들이 성탄절에 위로와 소망을 갖도록 기도합니다.
(2) 신년 행사를 계획하고 기도하는 담임목사님을 위해 기도합니다.

▶ 만남의 준비

　히브리서 12:1-2를 읽고 새해에 어떻게 살아갈지 묵상해봅시다.

52. 믿음으로 달려가는 새해

> 성경: 히브리서 12:1-2(암송요절 2절)
> 찬송: 212장(통347장), 240장(통231장)
> 주제: 새로운 한 해를 허락하신 하나님께 감사하면서 믿음으로 달려가야 합니다.

성경은 인생길을 경주로 표현하는 경우가 많습니다. 운동장에서 달음질하는 것으로 비유하고(고전 9:24), 푯대를 향하여 달려가는 경주자로 표현했습니다(빌 3:14). 바울 사도는 디모데에게 회상하기를 "내가 선한 싸움을 싸우고 나의 달려갈 길을 마치고 믿음을 지켰다"라고 고백했습니다(딤후 4:7). 경주자처럼 우리는 새해를 앞두고 출발선 앞에 서 있습니다.

1. 허다한 증인이 있다.

"이러므로 우리에게 구름같이 둘러싼 허다한 증인들이 있으니"(1절). 허다한 증인들은 히브리서 11장에 소개된 많은 믿음의 조상들을 의미합니다. 우리 보다 앞서간 신앙의 선배들을 말씀하기도 합니다. 이 사람들은 우리의 인생 경주에 모범이 됩니다. 그들은 하나님을 기쁘시게 한 사람들입니다(11:6). 그들은 다 믿음을 따라 죽었습니다(11:13). 그들은 이 땅보다는 하늘의 본향을 사모한 사람들입니다(11:16). 그들은 많은 고난을 겪었으나 믿음으로 담대하게 헤쳐 나간 인물들입니다(11:33).

양화진 선교사 묘역과 같은 선교 유적지를 찾아가 보면 역시 앞서 간 신앙의 인물들의 발자취를 봅니다. 그리고 그들이 우리 곁에 서서 우리를 격려하는 듯 보입니다. 현대보다 결코 쉽지 않은 선교 현장이었지만, 복음을 따라 살려고 애썼던 믿음의 부모 세대들과 앞서 간 신앙 선배들이 우리 앞에서 응원하는 증인들입니다.

2. 무거운 것과 얽매이기 쉬운 죄를 벗어버리자

무거운 것이란 마라톤 선수들이 달리는 데 방해되는 것들입니다. 달리면서 무거운 것을 몸에 지니거나 손에 들고 갈 수는 없습니다. 경주자들은 할 수 있으면 몸을 가볍게 하려고 애를 씁니다. 마찬가지 새해에 신앙 경주를 앞에 두고 있는 우리들도 무거운 것들과 죄를 벗어버려야 합니다. 근심 걱정이나 염려가 우리를 무겁게 합니다. 욕심이나 야망도 우리를 힘들게 합니다.

죄는 우리를 항상 잡아 당겨서 앞으로 나가지 못하게 합니다. 우리 인생에게 무거운 짐으로 얹혀 있습니다. 새해를 출발하기 전에 죄를 버려야 합니다. 그래야 가볍게 새해를 달려갈 수 있습니다. 로마서 8장에서 바울 사도는 죄에서 해방되는 비결을 가르쳐 줍니다. 첫째는 그리스도 예수 안에 있어야 합니다(8:1). 그는 정죄를 받지 않습니다. 둘째는 생명의 성령의 법을 신뢰해야 합니다. 죄와 사망의 법에서 우리를 해방시켜 주기 때문입니다(8:2). 셋째는 성령님이 주시는 생각을 가져야 합니다. 육신의 생각은 사망이요, 영의 생각은 생명과 평안입니다(8:6). 넷째로 예수님의 영으로 내 생각을 가득 채워야 합니다. 그의 영으로 말미암아 우리의 죽을 몸도 살기 때문입니다(8:11).

3. 목표를 향해 달려가자

본문에서 경주자에게 권면하는 세 가지가 있습니다. 첫째는 인내로 달리는 것입니다(12:1). 둘째는 앞으로 달리는 것입니다(12:1). 셋째는 믿음의 목표이신 예수 그리스도를 바라보고 달리는 것입니다(12:2). 인내로 달리는 것은 쉽지 않습니다. 대부분 달리다가 포기할 때가 많습니다. 새해에는 더욱 인내를 구하며 달려가야 합니다. 앞으로 달리지 않고 거꾸로 달리는 사람들도 많습니다. 예전보다 더 쳐지는 것입니다. 모든 경주는 앞으로 가게 되어 있습니다. 신앙경주도 마찬가지입니다.

무엇보다 예수님이 경주의 목표입니다. 그런데 사람들 가운데는 자신의 야망이나 꿈이 목표인 경우가 있습니다. 새해에 믿음으로 경주를 할 때 우리의 시선과 초점은 오직 주 예수님께 맞춰져 있어야 합니다. 장차 누릴 기쁨을 위하여 부끄러움과 십자가의 고통을 참으신 예수님을 생각하면서 낙심하지 말고 용기를 내어 달려야 합니다.

▶ 학습문제

(1) 우리 앞에 구름같이 허다한 증인들은 누구입니까?
　　답: 신앙의 사람들

(2) 예수님은 십자가 고난을 참으셨을 때 결국 어떻게 되었습니까?
답: 하나님 보좌 우편에 앉으셨습니다.

기도

한 해 동안 은혜로 지켜주신 하나님께 감사와 찬양을 드립니다. 새해를 믿음으로 달려가도록 용기와 힘을 주시길 소망합니다. 멋진 새해를 기대하며, 예수님 이름으로 기도드립니다. 아멘.

중보기도

(1) 새해 일꾼으로 세움 받은 직분자를 중보하며 기도합니다.
(2) 여전히 건강문제로 고통 받고 경제적으로 어려운 성도들을 위해 중보하며 기도합니다.

■ 구역원 명부 ■

(　　　　구)

번호	이름	생년월일	직업	가족수	연락처
1					
2					
3					
4					
5					
6					
7					
8					
9					
10					
11					
12					
13					
14					
15					
16					
17					
18					
19					
20					
21					
22					
23					
24					
25					

■ 구역 출석부 ■

(7월~12월)

번호	이 름 / 월일 주	27	28	29	30	31	32	33	34	35	36	37	38
1													
2													
3													
4													
5													
6													
7													
8													
9													
10													
11													
12													
13													
14													
15													
16													
17													
18													
19													
20													
21													
22													
23													
24													
25													
통계란	출　　　석												
	결　　　석												
	헌　　　금												

(개인계)

39	40	41	42	43	44	45	46	47	48	49	50	51	52		출석	결석	헌금	